外国货币史译丛　　　　　石俊志 主编

Money in Ptolemaic Egypt

托勒密王朝货币史

斯塔·冯·瑞登（SITTA VON REDEN）　著

付 瑶　译

中国金融出版社

责任编辑：刘　钊　吕　楠
责任校对：孙　蕊
责任印制：陈晓川

图书在版编目（CIP）数据

托勒密王朝货币史 ／（德）斯塔·冯·瑞登著；付瑶译 . —北京：中国金融出版社，2022.8
ISBN 978-7-5220-1714-3

Ⅰ. ①托… Ⅱ. ①斯… ②付… Ⅲ. ①货币史—埃及 Ⅳ. ①F824.119

中国版本图书馆 CIP 数据核字（2022）第 138395 号

托勒密王朝货币史
TUOLEMI WANGCHAO HUOBISHI
出版
发行　　中国金融出版社
社址　　北京市丰台区益泽路 2 号
市场开发部　（010）66024766，63805472，63439533（传真）
网 上 书 店　www.cfph. cn
　　　　　（010）66024766，63372837（传真）
读者服务部　（010）66070833，62568380
邮编　100071
经销　　新华书店
印刷　　河北松源印刷有限公司
尺寸　　155 毫米×230 毫米
印张　　10.5
字数　　150 千
版次　　2022 年 8 月第 1 版
印次　　2022 年 8 月第 1 次印刷
定价　　75.00 元
ISBN 978-7-5220-1714-3
如出现印装错误本社负责调换　联系电话（010）63263947

总　　序

　　货币史是经济史的重要组成部分。

　　货币史研究可以分为两种形式：一是关于古代货币本身的研究，在中国体现为《钱谱》《古泉谱》等民间著作，西方国家亦有各种《钱币目录》流传于世，这种研究被称为"钱币学"；二是关于古代货币发展历程的研究，在中国体现为历朝的《食货志》，以及近代学者撰写的货币史论著，西方国家亦有各种关于古代货币发展历程的专著。

　　近代数百年间，世界范围的社会史学出现了蓬勃的发展，结合古代钱币学的丰硕成果，促进了货币史学的崛起。各种货币史著作纷纷涌现，使我们能够在此基础上，开展进一步的研究。

　　研究货币史可以使我们同时获得两个方面的学术成果：一是货币学的学术成果，二是历史学的学术成果。研究外国货币史更可以使我们深刻了解世界各国的社会结构、历史演变和文化根源。

　　货币史学借助货币学与历史学学科交叉的方式，通过对古代各王朝货币状况的分析，深入探讨货币起源、货币本质、货币演变规律等货币理论，使货币理论从历史实践上获得更加坚实的基础。

　　此外，货币史学更重要的意义在于揭示历史真相，辨真伪，明是非，以史为鉴，面对未来。

　　古代各民族、各王朝的盛衰兴替，都有政治、经济、军事、文化等诸多方面的原因。然而，传统的政治精英史对于古代各民族、各王朝的败亡，多归咎于其军事失败或政治失败，很少分析其经济原因。

马克思主义主张，经济基础决定上层建筑。采取马克思主义的科学研究方法，分析古代各民族、各王朝的经济变化，才是找出其败亡原因的最佳途径。

从经济角度研究古代社会是一个比较可靠的视角。记述历史的人，大多难以摆脱其政治立场。因此，史书典籍中记载的帝王将相、社会精英们的政治、军事活动及其言论主张，多有虚假伪造。经历了后世历代王朝基于各种不同政治立场的人们的反复篡改，历史就变得更加扑朔迷离。然而，无论是伪造历史，还是篡改历史，都围绕着政治立场展开，很少在社会经济状况方面蓄意作伪。于是，从经济角度研究古代社会，我们就获得了一个比较可靠的研究视角。

无论在中国古代，还是在外国古代，货币都是社会经济中枢纽带。货币发展对社会变化发挥着重要的影响作用。所以，研究外国货币史可以拨开世界古代各国、各王朝盛衰兴替的迷雾。

然而，迄今为止，我国对世界各国货币史知之甚少，有关资料、书籍十分匮乏。为此，国民信托博士后工作站与华南理工大学货币法制史研究中心联手合作，针对世界各国货币史进行研究。在此基础上，我们邀请了一批国内金融学、法学、史学和外国语的专家学者，经过认真广泛的调查收集，筛选了一批外国货币史著作，翻译成中文，介绍给国内读者。

我们相信，这套《外国货币史译丛》的出版，对于我国货币理论研究，以及我国关于世界各国历史、政治、经济和文化的研究，都具有一定的参考价值。

2017 年 4 月 16 日

序　言

　　本书关注了古代钱币和货币发展的普遍性。基于现存的大量的希腊史料，从研究社会、经济和行政实践的视角出发，对希腊和罗马影响下的埃及区域进行梳理，我们有幸可以通过这个角度探讨古代钱币的某些复杂问题。事实上，由于可以利用的史料以及对史料进行解读的进展限制，本书的研究范围主要为早期的托勒密时期，但也希望以后能将项目研究推进到接下来的几个世纪中。本书将关注点放在埃及原本只是一个现实性的选择，但最终发展成为一个非常有意义的角度。因为在这里，两种经济传统融合，而不是简单地整合为一。我希望本书可以向人们展示埃及托勒密王朝是以何种方式、在什么条件下成为希腊经济的一部分，并且如何在新的文化和环境影响下迅速发展的。

　　同时，我也得到了同事和朋友的大力支持。艾伦·鲍曼是第一个鼓励这个项目的人，而罗杰·巴格诺尔、海因茨·费路、汉斯-约阿希姆·格尔克、彭尼·克莱尔、P. W. 皮斯特曼、多米尼克·拉斯伯恩、H. A. 鲁普雷希特、多洛西·汤普森和亚瑟·夫胡特都曾帮助我在这个陌生领域跨出了第一步。在研究的攻坚阶段，我在与古龙的克劳斯·马雷施的诸多讨论中受益匪浅。凯瑟琳·罗伯、安德鲁·梅多斯和汉斯-克里斯托夫·内斯克为本书前两章提供了重要建议。最后，我还要感谢阅读了所有章节手稿的汉斯-约阿希姆·格尔克、巴贝尔·克莱默、约瑟夫·曼宁、格雷戈尔·韦伯和多洛西·汤普森，非常善意地修正了整本手稿的剑桥大学出版社的迈克尔·夏普。然而，我最想感激的还是多洛西·汤普森，她的持续帮助、

1

批评和鼓励伴随了这本书的写作过程。毫无疑问，我将对书中所犯的任何错误负全部责任。

我有幸获得了德国科学基金会和艺术与人文研究委员会的研究资助。我在这里表示感谢，同时也感谢布里斯托大学经典和古代史系在这些年来同意我进行学术休假。我还要感谢慕尼黑大学在过去几年里为我提供的良好工作环境。

我把这本书献给我的丈夫奥利弗，他像其他许多人一样，从来搞不明白这本书为什么花了我那么长时间才完成。对于他的冷静意见和支持，我的感激之情溢于言表。

目　　录

引　言

问题与焦点

古埃及在历史上很长一段时间内都没有通用钱币。在亚历山大大帝征服埃及之后，一种新的钱币出现了，与之前相比，其流通范围之广令人震惊，并最终成为那个时代埃及最重要的权力工具之一。本书主要研究这一时期钱币进入这一地区，以及其使用和流通的过程，同时，本书还将涉及这种新钱币对托勒密一世统治下埃及的社会和经济的影响。

虽然我们将研究重点放在埃及本身，但古希腊—马其顿统治者采用的钱币和货币战略的引入是更大范围上的希腊经济的一部分。希腊化时期，在东地中海地区我们看到非常相近的货币发展模式出现。战争的代价和政治政权的浪费是前所未有的。因此，可以说埃及追求货币化是典型的希腊化经济的发展。然而，根据每个国家或地区的结构和传统，货币化进程有很大的不同。因此，研究托勒密时期埃及的货币化历史有助于理解古希腊经济的整体状况，但同时我们必须留意其特定的地方因素。

在过去的25年，我们对钱币的出现及其在古代世界中的使用有了更深的了解。继迈克·罗斯托夫采夫和摩西·芬利的重要著作后，学者们更加注重钱币在古代世界多样性的职能和其流通条件。现在学界普遍认为，古希腊的钱币发展不仅与雇佣军战争和市场交换的发展有关，还在很大程度上受到非经济因素的驱使，例如，需要支付罚款和各种官职的官饷领取，还可能包括游戏娱乐、节日和仪式的支出。此外，因受到经济制度学说的影响，特别是卡尔·波拉尼著作的影响，大多数学者都认为，钱币的使用是与特定的社会和文化制度交织在一起的，而这些制度对钱币在古代世界的性质和传播有一定的影响。尽管新古典经济学理论可以很好地解释古代货币和市场的一些特点，但我们越来越清楚地认识到，这种经济行为模式只能为我们解释一部分问题。基思·霍普金斯的著作发表后，流通这一关键问题得到了更大的关注。如果不考虑刺激或抑制流通的一系列政治、财政和法律因素，就无法充分评估钱币对经济不同的影响以及古代钱币经济在某一特定时期的动态关系。后来，货币化、生产和分配之间的关系才得到了更明确的关注。芬利因强调自给自足的家庭因素而很少关注这个问题，而罗斯托夫采夫则在他提出的希腊化时期的综合市场经济模式中对这种关系给予了过高的评估。正如许多研究所表明的，大型庄园和不动产是产生这种关系的动力源头。在古希腊、意大利和罗马的行省中，不同大小和组织结构各异的大型庄园与城市之间有道路连接，有便利的通道出售物品，并且所有的活动都完全货币化。因此，今天古代经济史学家所面临的问题是：如何评估大型庄园对整个区域和区域间经济的影响。

尽管在古代货币研究方面取得了相当大的进展，但目前的讨论还是在一些基本假设前提之下进行的。在大多数古代历史学家看来，货币并不属于传统经济，而是代表了经济的进步，但是他们并没有进一步探究货币是在什么条件下刺激了经济的发展或增长的。钱币代表现金，现金用于市场交换、以利润为导向的生产和长途运输的贸易。相反，持有另外一种观点的学者认为，在一定区域内，经济并不活跃，古代市场进程的天然缺陷和有限的商业交换造成钱币流通的缓慢，流通半径有限且没有铸币以外的其他货币工具。同理，钱币代表了城市和古希腊城邦以外的领土经济之间的对比，并且学者们大都认可这样的假设，即大多数城市外围的村野交易是易货交换和礼尚往来。最后，人们认为，政府的货币政策可能是明确地基于对市场和钱币流通的充分理解之上作出的，但也可能是盲目的，是应需求而生的，钱币仅仅是手段，而征服领地之后的贸易主要是为了争夺资源。

为了使研究进一步深入，我们需要对货币化真正的意义进行探讨。《牛津英语词典》将其定义为，在国家的货币体系中建立一种金属作为标准货币。但是，这一定义掩盖了许多问题，因为货币化不仅意味着建立一个钱币制度，而且涉及更为复杂的过程，即改变先前存在的货币形式，并将非常多样化的支付系统转换为现金交易。此外，即使货币已经出现，也还可以看到其他起着类似货币作用的物品，而这些特定物品与货币之间的关系非常密切。马克·布洛赫曾将区分现金经济和实物经济之间的问题称为历史学上的伪问题。即使在一个已经出现钱币的社会里，一些货币交换仍然是在没有钱币交换的情况下进行的。人们可能会想到官方或另一种形式的货币，如粮食或黄金，作为价值替代标准或结算单位，而这种替代并不影响实际交换或付款等情况。此外，金钱可以以一种或几种外国钱币的形式使用，或与具有固定或稳定的相对价值的物品结合使用。研究中发现的零散的钱币和文字资料表明，在古希腊，同一地点使用的铸币种类繁多，且往往与贵金属物体结合使用。只有在某些情况下，一些政府才会规定，除本国货币外不允许使用其他外国货币。铸币可用于非常具体的目的，而其他交易则继续以其他形式的货币结算。因此，货币经济比铸币发展得更广泛，它的历史比铸币更古老，货币化是一个复杂的过程，并非一般讨论可以概括的。

此外，不管是钱币还是货币化，它们与市场交换的直接联系已经不可同日而语。第一，与经济理论中的经典定义形成鲜明反差的是，钱币现在被更一般性地描述为在经济、政治和社会契约中的支付手段。这一定义强调钱币与契约性的联系，但并不意味着货物交换是其主要的发展背景。在不同的历史背景下，在一个契约关系范围内使用钱币可能比其他契约关系更有优势，但只有在现代资本主义社会中，货币才代表最明确的经济关系。第二，由国家或政治权威发行的钱币会代表并导致更大的政治凝聚力。但是摩西·芬利认为希腊钱币不只是一种政治现象，也是一种自我表现和对公民自豪感的展示。这意味着，只有当钱币的首要政治意义消失之后，钱币才回归了本身的货币价值。同样的道理，芬利的反对者认为，古代的钱币首先是具有经济功能，而不是政治意义。

国家发行钱币的原因可能并不同于钱币流通的原因。因此，虽然古代政府可能最初是出于政治原因而发行自己的钱币，但这些钱币的流通实际上是为了方便交换。然而，即使我们只关注货币的流通和交换，仍然可以认为是政治因素、法律制度、财政制度及市场驱动的结合使得铸币得以传播。当铸币与其他形式的货币一起使用时，一种货币比另一种货币更受欢迎的原因很可能是出于政治和经济原因的综合因素。现在许多关于古代经济争论的焦点都是围绕这样一个问题：是市场力量与政治因素推动了古代经济的发展，还是文化因素推动了古代经济的发展？

在本书中，我将埃及托勒密王朝的货币化看作一个综合的但并不具有延续性的过程。这个过程涉及钱币的出现及规范钱币交换和使用的正式和非正式制度的发展。埃及王国之内的货币化与托勒密王权的发展密不可分，同时也决定于这一王朝个别国王个人统治权与对地方已经存在的支付体系的整合能力。在托勒密王权的鼎盛时期（公元前3世纪），钱币既是国家统一的象征，也是国家统一的工具，它是一个有着长期内部政治纷争的国家巩固政治的工具。一方面，其以成功的君主政体对某种钱币的认同作为基础；另一方面，基于以钱币为基础的公共支付结构的建立，托勒密王国的国民在是否使用钱币进行交易的过程中显然是受到了政策的影响和激励。公元前3世纪左右铸币的逐步推广和使用比较成功，这与君主制的稳定和托勒密的军事进攻成果紧密相关。制定法律起到同样重要的作用。法律为私人债权人和债务人提供更大的安全保障，规范不同金属钱币之间的兑换关系以及个体铸币的正当性，并规定私人和行政背景下代理人的责任问题。这种象征性和制度性的背景创造了一个环境，在这种环境中，铸币由于能够满足人们的需要，同时方便可靠，成为首选的支付方式。

虽然在埃及出现铸币是一种帝国行为，但它并不像有人说的那样将本土经济和希腊经济隔离开来。到了公元前6世纪，希腊货币已经被列入婚姻契约的财产清单。到了公元前4世纪，钱币在一部分人口中流通，最知名的就是在军人群体和庙宇上层人物中间流通。在托勒密时期，钱币税出现了，特别是自托勒密二世统治开始，每个埃及居民都必须支付盐税，因此加快了铸币的适用性。各种形式的正式或非正式的贷款和租赁预付款也应运而生，融资种子作物劳动契约或分包契约以铸币进行结算同样加速了这一发展趋势。正如下文各章所述，埃及货币化的不均衡状况随之出现，但究其原因，这并不是铸币获得渠道、一般的文化分离主义或种族冲突的问题，而是有意为之，各地与托勒密王朝保持一定政治上和象征意义上的距离。

经济增长的相关问题已成为有关古代经济辩论中的一个中心问题，我们不能绕过。能够体现经济增长的总指标可能是希腊王室所累积、体现在各个方面的花费，早期希腊时期的战争规模和军事开支也体现了巨大的财富规模。城镇和首都区域规模不断扩大，通过军事进攻得来的新的领地需要迁入大量居民，希腊城市精英阶层的出现，以及宗主国和新兴王国领地生活水平进一步提升，都验证了公元前 4 世纪后半叶开始出现的经济增长趋势，但我们还不能过早使用实际经济增长来描述这个时期的情形。

爱德华·科恩试图用雅典等地的金融和经济结构的变化来解释这种增长。自从公元前 5 世纪后期钱庄出现后，雅典开始出现了以利润为导向的市场运作机制，不太受到芬利所强调的意识形态和社会压力等因素影响。此外，在没有纸币或其他非铸币类流通货币的时代，钱庄提供了运输和交换大量钱币的重要替代票据。钱庄运营者签发信贷担保，通过确认在其钱庄账户中资金的可用性来加速商业交易，并执行书面付款委托书，通过这些付款委托书订立商业交易并履行债务，而不需要实际转移货币。正是因为这样，信贷业务和钱庄运行成熟，海上贸易活跃，极大地刺激了雅典经济的发展。公元前 4 世纪，在雅典，从事银钱交易的外国人和奴隶更容易获得公民身份，这表明雅典人对整个行业发展所持的积极态度。

早期托勒密王朝统治下的埃及见证了城市中心的重大发展，特别是地中海沿岸的亚历山大港，土地复垦与农业集约化，以及通信和运输线路的改善，都为经济发展提供了有利的条件。铸币的产生和随之而来的法律变迁对这一发展作出了重要贡献，因为两者的出现创造了更多的确定性，并且使得信息交换更为通畅。然而，必须强调的是钱币经济的发展只有在与土地的实物开发和征税密切相关的情况下才能启动。埃及国内缺乏贵金属资源是铸币业发展的一个主要的结构性问题，但结合埃及不容小觑的农业生产力、税收状况和良好的运输系统，这一缺陷可以通过出口更多商品得到国家收入得以补偿。粮食是主要的出口产品，粮食更多集中在大庄园主以及国王手中，主要通过土地税收和收租的方式进行。现金和实物都可以接受，这是早期托勒密时代埃及的经济发展背景，但不代表货币化进程本身。此外还需要考虑到几个其他因素，如国家参与、私人项目、希腊移民、埃及本地人参与和地域差异等。尽管如此，我们还是必须从经济角度来看，强调现金和实物经济的相互依存，而非强调它们在传统和发展方面的区别。

因此，公元前 3 世纪埃及的情况与科恩的论点形成了鲜明的对比。

第一，埃及的铸币供应与以银矿资源而闻名的雅典相比更加不稳定。因此，货币化不能仅仅依靠创造出大量的钱币，当然钱币的出现是可以刺激商业交易以及信贷和银钱业发展的。更加接近事实的情况是，钱币的出现影响了农业发展并使之与钱币价值操纵之间互动生成复杂关联，当然也包括对实物剩余的持续索取。货币和银钱业本身既不可能是埃及经济发展的原因，也不太可能被视作经济发展的迹象。

第二，绝大多数莎草纸记录的材料是与埃及古希腊城邦以外的领土有关，而不是与像雅典及其港口这样的商业城市相关。在莎草纸的记载中，我们可以发现信贷和银钱业务的作用不尽相同，比如亚历山大港和其他向国外出口货物的港口与其形成对比。然而，我们必须指出，科恩所描述的海上贸易文件单据和商业契约文件竟然也可以在埃及的古希腊城邦以外的领土贸易史料中得到证实。只不过，在埃及的农村，这些单据的功能是高度具体的。它们与收据结合以便于执行，可以方便地成为付款的法律证据。无论是寄给钱庄主还是个人，这些商业契约在金融交易中提供的安全性都超过了任何面对面交易时的非正式付款。因为这样的付款方式是以其背后钱庄账户和户头为依据的，因此账户户主即使身在远方仍然可以动用账户中的钱财进行贸易。但是，由于书面契约的单据付款方式只能在彼此熟悉的两方之间进行，因此无法在匿名商业交易中获得一席之地。对于契约付款中涉及的业主和租约农户、雇主和雇员，或在不同地方行事的委托人和代理人之间提供契约付款的担保作用较为有限。因此，钱庄钱票并不能直接证明当时商业发展的程度，我们需要更加直观的证据来证明在当时的时代条件下有哪些环境因素在发生作用。

第三，钱庄所有人要么自己是王室官员，要么是与国家签订外汇收入契约的个人。前者负责王室国库和公证处，而后者主要负责钱币的兑换。钱庄主也会向个人账户持有人预付账款。据我们所知，这些钱庄也会把钱币放贷出去，但是这样的放贷行为并不是为了赚取利息，而是为了解决钱庄自身现金流紧张而作出的补偿性举动。此外，皇室钱庄主在王国行省首府的社会地位很高，可与地方政府上层的其他希腊官员相媲美。尽管专业放贷和小额放贷收利钱似乎都没有受到任何形式的谴责，但是古希腊城邦以外的领土中的借贷和银钱业务从未创造大量的财富。

第四，虽然信贷和银钱业高度发达，但关于利率的立法、债务法的发展和钱庄的作用仍然与托勒密统治前的埃及社会制度密切相关。这些都说明希腊人应对一种社会结构的方式，他们试图用自己的法律和钱币制度对这个新的社会结构进行调整和适应。货币化在这样的背景下展开，并没有反映其与市场发展有任何直接联系。因此，埃及的情况证实了科恩关于古代世界银钱业和信贷高度发展的论点。但同时，这个情况也表明，决定古代银钱业性质的是当地的地方特点和经济背景而非一般性的经济结构。

研究资料及其相关情况

现存的大量记载于莎草纸和陶瓷碎片上的书面文件，可以让我们对古埃及经济、行政和社会行为的细节有很好的了解。此外，埃及还进行了一系列莎草纸古文稿学的研究，成果显著。这些研究大大增加了我们对经济和行政实践细节的了解。这些莎草纸古文文献不同版本的文献笔记和评论手稿内容丰富，关注点各异，值得更多的学术读者关注并进行综合的历史解读。

泽农档案是研究公元前 3 世纪社会历史的重要资料来源。档案共包括 1700 多篇文本，涉及法尤姆大型封土领地的管理、管理员泽农的经济活动，以及埃及托勒密二世亲封的领地最高统治者阿波罗尼斯的各种涉及财产管理的活动。另一个与这一时期相关的公元前 4 世纪左右的莎草纸文献，也是研究这段时期的主要文献，这些文献是在古罗波和科拉里遗址发掘中出土的，在法尤姆的太伯塔尼斯也有发掘。赫拉—克利奥波利特省的艾希贝赫遗址发现的莎草纸文献中有很多非常早期的记录。而在埃及象岛发现的文献是我们研究希腊人在底比斯的活动的最重要文献。其他的莎草纸文献现在散布在世界各地的收藏家手中，通常其真正发掘地点已经无法探明，但可以大致确定是在法尤姆和邻近赫拉—克利奥波利特和奥克西林克斯省等希腊化程度较高的地区。在私人之间或者行政机构背景下记载着收银契据的陶瓷碎片主要来自上埃及时期，虽然在公元前 2 世纪之前的数量不多，但也可以用于研究和帮助解释公元前 3 世纪的相关问题。

尽管记载于纸质材料上的材料证据相对丰富，但也带来了一些特殊的问题。首先，这些材料极其零散。公元前 3 世纪保存下来的大多数莎草纸文献都是个人文件，如泽农、麦伦等所在地行省的执行官或戴奥真尼斯、阿斯诺伊行省的行政官。这些所谓的档案或卷宗通过契约、账目、商业通信和个人信件等多种形式呈现了官方和私人活动。它们提供了关于个人和地方行政的日常实践细节，但是这种日常事务背后更大的经济和意识形态背景很难重建，需要人们进一步去发现和理解。

其次，我们主要是通过泽农档案对公元前 3 世纪进行了解，这些档案资料出自托勒密统治阶层中等级最高的希腊官员的一位下属书记官。泽农的管理活动和商业活动既复杂又特别。当时市民中也有没什么具有野心的移民和军事行动之后迁移此地的定居者，与这些人相比，泽农的业务规模和目标战略明显不同。其档案中的一些文字表明他是以私人身份经营的，俨然成为当时希腊人中比较典型的精明人士。因此，这可能展现出了更广泛区域内希腊人中的典型。然而，个人档案和管理档案之间的区别很难确定，在实践中可能从未严格区分两者之间的区别。

再次，我们能得到的公元前 3 世纪的莎草纸记录大多来自法尤姆，这是一个希腊化程度非常高的地区，是托勒密二世关注的焦点，从公元前 3 世纪 60 年代开始重新发展起来。这个地区的社会和经济条件与上埃及有所不同，因为上埃及有自己的行政、社会和经济历史背景，同时也不同于下埃及其他地区和三角洲区域。我们也能看到一些希腊的材料来自其他地方的古希腊城邦以外的领土地区，但一般来说，希腊莎草纸文献存留的地方都带有强烈的希腊气息。

最后，希腊的材料描述了希腊人在埃及的生活面貌，但是移民文化与埃及本土文化泾渭分明。埃及人受希腊货币经济的影响程度到底有多大我们无从可知，只能通过希腊材料研究来管中窥豹。即便是埃及的材料也存在很多问题。虽然最近的编辑工作大大增加了翻译文本的数量，但是这些材料远远比不上希腊本地的材料那么琐碎丰富，因为埃及的文牍抄写文化与庙宇相关，参与其中的埃及人口与参与希腊文件编写的希腊编辑人员相比不可同日而语。此外，已编辑出版的通俗莎草纸文献数量与希腊相比依然很少，而且只是刚刚开始，学术界能够接触到这部分文献材料的人还不多。因此，将希腊文献中的证据纳入更全面的埃及经济图景中的设想至少在现阶段还是可以尝试的。

莎草纸古文献资料的解读可以参考大量存世钱币一起进行，这些钱币有的是贵金属材质，有的是由普通金属铸造，时间跨度从托勒密当行省的长官时期开始，也有从公元前 3 世纪这一段时期开始。钱币收藏家区分了囤积的钱币和散落的钱币，即有一定投资来源并被刻意保存和收藏起来的钱币，以及随机散落留下来的钱币。考古工作过程中可以在一些遗址原地发掘出这些储藏物，这一过程能够相对安全地重建环境和原始构成。但大多数时候，这些钱币只是出现在艺术品市场上，因此后世人其实很难重新确定钱币的出处、钱币上完整的内容和使用的年代。但是，恰恰是这些很难重构的信息对于解答一些关键问题至关重要，比如使用钱币的人的社会根源，以及钱币的地理分布或年代分布等。

为了研究钱币的使用目的以及一般的铸币政策，探索钱币的起源至关重要。托勒密王朝在亚历山大港设立了一家铸币场所，并在所征服的地区迅速建立起新的钱币体系。托勒密王朝势力范围内的钱币通过流通混杂在一起，但钱币的发行经常具有地方目的。在 J. N. 斯沃洛诺斯关于托勒密钱币的四卷权威性著作中，他试图把现存的钱币按时间序列编排，并将它们与特定的铸币关联起来。我们现在的研究和学术探讨仍然是建立在这个理论基础上的。但考古发现已经引起了很多学者对某些钱币归属地点和年代的质疑。特别是 1980 年在梅单克拉勒发掘的一批托勒密钱币，其中包含 2159 枚 242 年左右的托勒密铸币，这从根本上改变了我们对早期托勒密铸币的时间顺序和起源的认识。因此，我们很难对埃及或者其外部领地的某些特定的与钱币相关的财政政策下任何结论，但可以推断出的是，托勒密王朝在钱币的财政政策上背离了领地的传统，转而另辟蹊径。此外，对托勒密早期铜铸币的最新研究为我们了解当地钱币的发展提供了重要的新视角，特别是公元前 3 世纪后期的货币危机。可以说，对于托勒密铸币的货币学研究正处于迅速发展的状态。

这里我们可以发现一个很关键的问题，我们要了解研究货币史需要什么样的钱币学知识，而不应该纠结在什么样的一些材料里。在目前的研究中，我采取了一个很谨慎的方法。特别是对于评估流通中的钱币数量及其在一段时期内发展的趋势这个问题，我在长时间的探究后认为不宜仓促给出结论。戴维森和勒瑞德尔的研究为前两个托勒密王朝的铸币活动、钱币产量和流通的讨论提供了宝贵的起点，但是他们的方法和结果仍有很大争议。以目前的研究成果来看，我们离得出一般性结论的目标还有很长一段路要走。更重要的是，考虑到在当时的历史条件下人们花钱并不一定意味着使用钱币，而钱币的生产和流通只是研究货币化时的一个指标，而且可能不是最好的指标。

当然，我们也要看到积极的一面，铸币上的图腾可以帮助我们理解钱币政策的性质和托勒密统治早期钱币的发展。此外，储藏的货币为托勒密一世时期实行的封闭式货币制度的性质提供了确凿的证据，并使人们能够对其执行的方法有一个比现在的单一看法更多样化的见解。此外，操纵贵金属铸币和铜铸币的重量与价值的史料和实物证据，为托勒密时期非常积极的钱币政策提供了佐证。有关贵金属铸币的政策可能与银和金的价值和开采量波动有关。铜币造成的问题要大得多，但现在有充分的理由认为，在一些改革中，铜币作为支付和交换的媒介变得越来越重要，并且推出了新的面额以满足地方和财政的需要。最后，在某些情况下，可能将新钱币的问题与特定事件联系起来。尽管钱币学家倾向于将钱币生产与军事需要或补贴支付联系起来，但节日、仪式和王室捐赠的场合也会为新钱币提供生产机会。这种钱币和用它们支付的款项促成了一个象征性的金钱与权力的连接，对于钱币的长期可接受性和流通至关重要。

货币化和托勒密王国

莎草纸和钱币学的证据结合起来似乎可以解释托勒密一世统治下的钱币出现的意义和发挥的功能，但实际上，认为这种解释能提供出一个完整路径的想法是非常具有误导性的。与此相反，材料的相对丰富使我们可以看到政治及个人行为的复杂性，两者似乎都有许多局部变量。至于我将探讨的货币化概念框架，其灵感来自两个相当特殊的人类学研究，它们表明了政治、经济和货币象征主义之间的联系。

一个是费尔南多·克朗尼斯在他的《神奇帝国》中讲述的扣人心弦的故事，他描述了金钱与委内瑞拉成为一个现代民主国家之间的联系。这首先涉及在 20 世纪初委内瑞拉的公共宣传中对"自然"和"文化"的重新定义，这是经过深思熟虑之后的见解，还包括在意识形态上将自然资源中的油料与国家发行的货币等同起来的行为。虽然国家努力将油料工业中赚取的钱用于国家宣传，但在 20 世纪 70 年代，民主国家的权力和特征是建立在国家提倡私有化和国际化产业的剥削机制基础上的。货币首先具有将委内瑞拉的自然资源，即油料转变为共同利益的象征性功能，为国家利益而倾入财富，从而增强国家和政府的权力。但随后它成为国际市场霸权的工具和象征，导致国家政权的削弱。给人民带来繁荣的神奇的委内瑞拉油料变成了理性的自由市场的现实，迫使本国政府成为国际资本主义的走狗。

另一个是大卫·伍德鲁夫的一篇名为"破产者的交易"的文章。伍德鲁夫描述了在20世纪90年代影响俄罗斯部分地区的去货币化浪潮。最重要的是，他提到：

经济活动问题的彻底货币化源于国家财政机关的侵略性坚持。国家在这方面的侵略性通常是由于国家建设和经济货币化之间的互补性关系。货币兑换促进税收和国家一体化，国家钱币标准化和钱币征税又促进其使用。作为国家建设的一个方面，货币化的进程不能不导致政治冲突。对统一货币和货币政策的控制是国家当局手中的有力工具，因此不可避免地会在国家经济和政治一体化程度的斗争中纠缠不清。

俄罗斯经济在1993年和1994年的非常实质的去货币化是由于中央和地方当局之间的基本制度与政治不对称造成的。尽管货币化和财政政策需要与俄罗斯中央国家财政机构携手并进，地方当局却发现自己正处于一个更模棱两可的局面。它们还发现，通过货币途径进行收税固然更方便，但是在必要时，它们可以比中央当局更容易组织新的实物税务。此外，对特定经济部门进行征税时，俄罗斯政府在基础设施实物征税方面的能力远远低于地方政府。例如，在1993年秋天，越来越少的电力公司客户可以及时支付账单。而那些付钱的公司则越来越多地用自己生产而未买卖的商品来支付欠款，而不是用钱支付。在下一年中，逾期未付的债务所占比例从俄罗斯工业逾期债务的约5%上升至17%。到1994年2月，所有支付给电力公司的款项中约有一半是实物支付。在1994年夏季，一些地区的易货交易占付款的75%以上。本地付款人用完了钱，手里没有现金，而钱庄并不太情愿放出贷款。相反，电力公司和地方当局接受实物支付和税收，以便不破坏那些国家债权人有重要利益的行业。这种"破产者易货"的传播在价格机制中播下了混乱的种子，给区域间的交易带来了巨大的压力。因此，中央政府寻求货币稳定的能力被削弱。中央政府不能够支付所需，而且也越来越无法应对这些进程给国家一体化带来的挑战。

不可避免，我们对古代世界进程的理解往往很有限。然而，克朗尼斯和伍德鲁夫的一些观察结论仍可以对古代史料的解读产生影响。克朗尼斯的模型概述了如何使国家的金钱摇身一变成为整个国家可以直接认可的，而不需要直接与发行这种货币的国家机构和政治体系相互等同和关联。此外，钱币能够形成一个微妙的运行机制：国家可以通过这种微妙的机制使钱币作为其权力和能力的积极象征，以便整合一个国家，即创造身份以及社会和政治和平。这两者似乎都已经在托勒密一世的统治下实现了，这一方面是通过托勒密一世在位期间各种仪式和国王施恩时对钱币的大量使用，另一方面是把钱币财富与埃及的农业繁荣和生产力联系在了一起。

伍德鲁夫的文章关注了中央当局和地方财政管理部门的利益之间可能存在的差异。此外，文章强调了地区需要积极地推广货币使用，使支付手段标准化，协助开展区域间交易贸易，否则，当地的支付周期就可能会部分或全部恢复为实物支付。更重要的是，文章建立了政治、经济与通过区域间交换和国家对钱币资源的再分配实现的钱币一体化之间的联系。同时，我们在埃及托勒密王朝的案例中可以找到一些相似性。由财政利益驱动的托勒密政府的积极钱币政策与基于支付传统周期的土地经济现实之间的差异将是以下各章的主题。但是，与伍德鲁夫模式相反，托勒密王朝并没有尝试将谷物农业这一重要部门货币化，一部分原因是地方权力机构仍然保持强劲势头，另一部分原因是它们对粮食的需求量仍然很高。然而，经济活动的其他领域在公元前3世纪被成功货币化，但是在公元前2世纪似乎实物支付方式又开始抬头，而在货币经济中仍然明显存在。

我要提到的一点是，托勒密王朝的主要功绩之一就是在农村地区发行和使用钱币及实行货币化。财政利益发挥了重要的作用，但结果是，铸币的出现带来了相当程度上的支付标准化，加固了尼罗河流域的政治一体化，以及对以亚历山大为首的朝廷和其成立的铸币作为一般性支付手段的关注。此外，货币税收和垄断国家产业的货币化为国王提供了资金，更重要的是，地方行政部门手里有了现金，用于当地发展，从而反哺地方的经济活动。实际上，铸币的出现也有助于农村粮食价格的显著稳定，并刺激了区域间交换，但货币政策的主要动机是货币化，而不是商业发展。

公元前 3 世纪，国家通过其财政机构对货币支付进行的官方推广、银钱业货币化和包税制度、劳动力信贷的普及以及社会关系都促进了货币经济的发展。实物经济得到维持，但主要限于谷物农业部门。这种二元经济似乎是通过立法、管制税收和租金而得到的有意为之的结果。

然而，货币化很大程度上依赖于以利润为导向的个人活动，这些人要么准备为区域和区域间市场生产可买卖的商品，要么准备通过包税制度和其他以现金为导向的业务赚钱。矛盾的是，国家的钱币经济还依赖于大量粮食收入，即依赖于实物经济，因为托勒密王朝的大部分现金资源是靠粮食出口获得的。

虽然本书强调托勒密政府在货币化发展中所起的作用，但它的目的并不是回到 20 世纪主导埃及托勒密王朝研究领域的"财政""控制"或"计划"经济模式的观点。相反，我希望进一步打破这些既有研究范式的藩篱，而将注意力放到实现货币流通所必需的沟通、谈判和区域政治的重要性上。然而，到目前为止，对中央集权模式的批判性思考反而对托勒密和罗马时期的个体经济机会的程度进行了关注。因此，吉恩·宾根认为，税款包收人通常是以金钱为导向的希腊平民，他们通过一些金钱来源来支持税收。在竞争性拍卖过程中，税款包收人以价格优势赢得某一地区银钱税务权益，希望实现盈余，这种做法实际上创造出与地方行政机构具有竞争关系的另一种局面，从而为已经在积极实施货币政策的地方政府创造另一个竞争因素。吉恩在书中还提到一些移民二代通过放贷获得利息收入而积累财富，耕地是贷款的抵押物，他们从那些分得土地的士兵手里把耕地租借过来，再把这些土地分给佃户耕种。

此外，多米尼克·拉思伯恩的书中指出，在公元前 3 世纪，法尤姆的阿庇安庄园管理基本上是以市场为导向的，尤其是在生产油和葡萄酒的行业中。我们可以大胆推测阿波罗尼斯封地的情形也是这样。这个领地是在法尤姆地区开发出来的，时间大概是 260 年。泽农档案对其管理进行了详细的记录。但要去深入理解这个领地具体的管理背景，不能以罗马帝国统治下的私人所属行省地产为参考。阿波罗尼斯是一个王室领地，最后因为国王的遗嘱条款规定和受益人的去世而被收回。此外，这个领地的建立基本上是为了开发一个区域用来推广来自希腊的商品，特别是驻军在亚历山大港消费的小麦和葡萄酒。后来，这个商业领地不仅增加了阿波罗尼斯及其下属的声望，还间接提高了国王的声望。

为了更好地理解，我们可以把这种领地看作一个大的经济企业，国王和领地的实际当权者既有经济利益的瓜葛，也有政治利益的瓜葛。正如曼宁所说，推动大面积领地经济的不是中央力量或计划，而是契约和意识形态上对国王事务的"责任"。因此，必须找到国家控制模式与私人商业主动性之间新的中间地带，关注托勒密君主制的意识形态框架及其对个人的激励机制。

尽管钱币的出现看似有其成功的一面，但是也不能忽视埃及钱币流通的缺陷。在埃及不同地区，使用现金进行商业交易和粮食交易中以实物支付的方式是完全不同的。此外，只有通过广泛的信贷制度、长期债务和无现金支付抵消服务与实物支付，才能维持公元前 3 世纪的领土的货币化程度。因此，如果依据钱币供应来尝试解释价格，那么就似乎误解了埃及托勒密王朝早期货币经济的性质。如同古代世界其他地方一样，任何钱币供应量的增加都不可能影响实际价格。特别是所谓的公元前 3 世纪末的通货膨胀，不能用钱币供应过剩来解释。由于基于白银价值而确定的实质价格大致保持稳定，而流通中可能出现的钱币数量增加并不足以解释价格上涨高达 150% 的原因，莎草纸上显示的新价格水平更可能是货币政策变化的结果。彻底的货币改革，导致几乎全部铜币被收回，并产生了新型钱币，如今这一点似乎得到印证。这一改革似乎在一段时间内稳定了价格，说明到公元前 3 世纪末钱币体系已经发生变革，而不是王朝经济发生了崩溃。

历史背景

根据希腊传统历史叙述，亚历山大在公元前332年入侵埃及时遇到了一些微弱的抵抗。埃及的最后一位波斯领导者在伊苏斯去世，而他的继任者既不能也不愿意抵抗马其顿的征战。亚历山大的战役结束了第二个波斯统治阶段——一个软弱的但掠夺成性并让民众憎恶的阶段。

在埃及设立马其顿总督辖地时，亚历山大遵循了三个原则，这些原则对于在被占领地上建立的地方政治系统合理化起到至关重要的作用，而在历史上这个地方有着与入侵势力势同水火的传统。首先，亚历山大大帝必须与当地的驻屯军结盟，必须表现出对埃及宗教的尊重，并且必须被尊为法老。亚历山大参观了太阳城和孟斐斯，在那里的卜塔神庙他祭祀了神牛，这相当于承担法老的职责。他故意试图将自己置于埃及执政等级之内，而不是游离于之外，将自己塑造成一个解放者的形象，把埃及人民从波斯统治之下解救出来，而不是成为新的征服者。根据历史学家阿里安的说法，亚历山大将民政管理分为埃及人和前波斯官员两个并行部分，一个负责上埃及，另一个负责下埃及和尼罗河三角洲。原来的埃及各地的行省长官仍然留任，而军事职位则由马其顿人填补。他在孟斐斯和贝鲁西亚留下两支人数不多的卫戍部队，建立了亚历山大城。克琉墨涅斯是希腊人，出生在希腊治下埃及的商业城市瑙克拉提斯，当时这里是萨美提克统治下的领地，他最后成为财政大臣并负责贡品的收集。当亚历山大离开埃及后，克琉墨涅斯成为整个区域的总督。

在公元前323年，亚历山大意外死亡后，拉各斯的儿子托勒密接管了埃及。像其他的继任者一样，他来自马其顿的行省家庭，属于亚历山大最亲密朋友圈的一员，是和亚历山大南征北战并肩作战的将军，战功卓著。在接下来的几年里，托勒密征服了埃及以外的三个主要领地。干预昔兰尼内战使他获得永久总督和最高司法行政官的宪法地位，这使他完全控制了该地区。虽然只能在其主要城市驻军，在公元前319—前318年，他的军队进攻了叙利亚—巴勒斯坦辖地，但只能占领这一地区主要城市并取得驻兵权。到了公元前313年，他的弟弟梅内洛奥斯征服了塞浦路斯，可能是得到了以前曾与托勒密结成联盟的当地几个国王的支持。在昔兰尼和塞浦路斯，内部冲突是托勒密接管政权的序曲，而接受被占领的条件是解放该地区而非向占领者屈服。然而，对昔兰尼、塞浦路斯和叙利亚—巴勒斯坦的占领，在经济上和战略上对托勒密的权力集中至关重要，并成为其统治稳定性的晴雨表。在托勒密帝国的鼎盛时期，这些臣服的领地为王朝提供了安全保障、资源和贡品。也正是在这些地区，托勒密开始生产托勒密铸币，尽管这些钱币在当地铸造并且具有显著的地域特色。

前君主时期的标志是继任者之间不断发生战争，他们宣称亚历山大的全部或部分帝国是他们的合法财产。在继承者的第一次战争中，由于对亚历山大遗体安葬问题僵持不下，帕迪卡斯两次侵略埃及但都被托勒密的军队成功驱逐。继任者的第二次战争是为夺取叙利亚的管辖权，导致加沙、蒂尔和西顿被托勒密的军队占领。在接下来的第三次继任者战争中，昔兰尼爆发的一场叛乱，使得托勒密把叙利亚输给了安蒂哥努斯的儿子德米特里奥斯。在世纪末的最后10年里，托勒密将目光转向小亚细亚和希腊大陆。再次打着解放者的幌子，他派遣远征军到了希腊城市西里西亚、利西亚和卡里亚，在那里他夺取了法塞利斯、桑索斯、卡诺斯、梅诺突斯和伊阿索斯。从公元前308年到公元前303年间，他在希腊的科林斯、锡金和梅加拉驻军。

托勒密的作战对象是亚历山大的马其顿步兵和骑兵，以及雇佣兵和埃及士兵。战争所需巨额费用是由帝国亚历山大铸币支持的，这些钱币是由建在马其顿、亚历山大港和一些地区的铸币厂铸造的。然而，托勒密控制下铸币重量反而减轻了，这也反映了托勒密王朝财政资源的压力持续增加。从公元前306年至公元前295年，德米特里奥斯从托勒密手中夺取了塞浦路斯，进一步增加了这一压力，因为托勒密的铜和银一直由塞浦路斯提供，而这些资源在埃及无法自然生产。

在公元前306年末，托勒密被他的部队推选为国王，效法当年的安蒂哥努斯和德米特里奥斯的做法。亚历山大的继任者获得皇室头衔是希腊化王国的开始，但直到公元前 301 年安蒂哥努斯去世后，两者的边界才得以区分。托勒密接收了埃及和叙利亚—巴勒斯坦，其中包括腓尼基亚、巴勒斯坦和叙利亚南部，即所称的科伊尔叙利亚。然而，最后一个地区是通过友好割让留给托勒密王朝的，原来被称为塞琉卡斯。在随后的两个世纪中，这个地区成为托勒密和塞琉古王国冲突的主要原因之一。

埃及宣布王权开始于公元前 304 年，托勒密在亚历山大去世纪念日即公历 1 月 12 日正式获得法老尊荣的权力。当时生产的铸币反映了托勒密从这一时期开始更加活跃地行使行政权力，并且人们普遍认为是他塑造了后来的托勒密政权模式。他的创新细节可以从莎草纸古文稿学中收集到证据，这种文稿大量出现始于公元前 260 年，标志着行政实践在当时进一步发展。他对现有结构的改变似乎是逐步进行的，且往往具有特定的目的。而且，并非所有的创新都在整个王国被立即推广。特别是，对上埃及和下埃及往往有不同的政策，因为这些地方大多具有不同的传统和具体的社会结构。托勒密在整个国家范围内进行分封，采取区域性管理，分封区域的数量在公元前 3 世纪的过程中持续增加。这些分封区域进一步细分为托帕其税务区和古希腊城邦以外的领土。这些地区的行政管理分别掌握在行省省长、托帕其政务总长和考马奇村长手中。这些不同等级的长官身边都有书记官辅佐，和法老时代类似。当然托勒密王朝也任命了一些新的官职。首先，在编的希腊驻军在地方古希腊城邦以外的领土被任命为财政大臣，他们在公元前 3 世纪末成为最具实权的分封行省大员。此外，行政管理部门还在行省、古希腊城邦以外的领土和庙宇增加了监察官、财务管理官和检查书记员。皇室收入的评估和收集在某种程度上是所有人关注的焦点。

托勒密王朝治理国家的主要创新之一，是在整个埃及农村范围内向军事定居者分配了大量的小块儿土地。对于人数众多的雇佣军给予现金奖励产生了大量的费用，这一举措造成钱币资源大量流失，特别是有限的贵金属资源会很快耗尽。其实在埃及曾经出现过类似的奖赏制度先例，但是分配给托勒密士兵的土地更大，并且在公元前 312 年的加沙战役到公元前 217 年拉斐亚战争之后，埃及人不再有资格进入军队服役，当然也就没有获得土地奖赏的资格。并不是所有得到土地奖赏的军人都自己耕种土地。事实上，他们大多数往往住在附近的城镇或大城市，但土地能够为他们提供现金或实物的常规收入。这种在殖民地分封土地的制度不仅给受到奖赏的亲卫兵带来了持续的经济利益，还在整个王朝范围内培植了一大批忠实于国王的臣民。虽然埃及总人口与获得征服领土的土地的受封赏的人口比例很难准确估计，但是在拉斐尔战役中，波利比奥斯有 37000 个或 39000 个现役的希腊士兵，这个数字很可能是基于一些官方文件来确定的。尽管他们的人数相对较少，但是这些被分配土地的军人和他们的家人在埃及成为主要的希腊化影响人群。他们与埃及人交往通婚，分别担任某些机构的行政职位，在当地雇用农夫和工人为他们工作。亚历山大港也吸引了来自希腊各地的许多移民，其中一些移民居住在乡下。包括亚历山大港在内的埃及的希腊人总数当时已知的大概有 20 万，估计为总人口的 5%～10%，总人口数推算估计为三四百万。他们中的大多数是在前两个托勒密国王统治时来到埃及的。

　　除了要厘清政府行政部门和军队的功能外，像亚历山大一样，托勒密不得不明确他和埃及祭司之间的关系。庙宇不仅具有宗教功能，而且是拥有土地、制造业和行政结构的主要经济与政治中心。庙宇官员来自行省高层家庭，社会地位很高，尽管他们的职位不是世袭的，但加上军队，他们组成了埃及的主要统治势力。但是，与埃及军事阶层被排除在国家治理体制之外不同，在对待庙宇的态度上托勒密采取了更加温和的联盟和互惠政策。庙宇僧侣不得不接受指派给他们的监查员在一定程度上的控制，通常会导致他们被剥夺一些经济特权。因为这样，一些之前在他们手中掌握的行业，如油料、啤酒和纺织制造业，成为国家垄断。作为回报，他们得到了定期的财政补贴，以补偿因托勒密侵占而产生的收入损失。他们还得到了一些税收减免，以及不定期的捐赠和贷款。由国王资助的豪华庙宇建筑显著增加，这表明托勒密非常希望他们之间的关系能得到缓和。作为回应，庙宇会公开在石头上篆刻文字表示感谢，其中比较有代表性的是公元前 2 世纪初著名的罗塞塔石刻碑文。碑文用象形文字、古埃及俗语和希腊语三种文字写成，由此得到解释古埃及象形文字的初步依据。然而，这些祭司法令几乎掩盖了这样一个事实，即皇室慷慨是为了防止暴乱而展开的紧张谈判的结果。

希腊学者研究显示，托勒密二世和三世给埃及带来了繁荣与政治的稳定。这种繁荣在很大程度上是靠横征暴敛得来的，包括税款和租金，建立在战争掠夺的基础之上。但是，鉴于亚历山大港耀眼的文化和经济地位，以及托勒密赞助下对埃及庙宇的重建和大规模新建，繁荣的局面并不难解释。托勒密二世是托勒密一世和他的第二任妻子伯伦尼斯一世的儿子，与他的父王在公元前285/284年和公元前283/282年之间同时执政。公元前283/282年，即在国王一世过世后一年，他举行了一场祭祀仪式以纪念他的父母，巩固王朝的延续以及自己作为国王与法老的正当性地位。此外，他最开始娶了阿西诺亚一世，也就是利希马科斯的女儿为王后。在公元前279年，他又与他的亲姐姐阿西诺亚二世结婚，且共同执政，在王室形象和仪式上有平等地位。新王后于9年后去世，托勒密以此为机会建立了王室最为盛大的祭祀礼仪。这些活动的资金来自葡萄园和果园年度税收收入，这些祭祀典礼在埃及全境的庙宇得到执行，一直到托勒密王朝终结。

在托勒密二世时期，王朝的合法性越来越和战争及经济发展水平相互依存。托勒密对外的重心主要是叙利亚、小亚细亚和希腊，他在这些国家培植和支持那些反马其顿的政治势力，这些城邦中最著名的就是雅典。这些国家支持城邦反对马其顿政治，而其中雅典的态度最为明显。在叙利亚—巴勒斯坦战争中，托勒密赢得了第一次叙利亚战争，接下来就在亚历山大港举行隆重的庆祝典礼。但事实上这场战争的胜利可能是由于敌人的羸弱，而不是托勒密的强大。有一首为了纪念托勒密王朝而创作的赞美诗，是由忒俄克里托斯创作的，表明了战争胜利给王室带来的荣耀和在王朝延续中起到的作用。在这之后是长达25年的连续战事。在公元前270年左右，托勒密派遣了一支舰队到黑海并提供了钱币补贴以支持拜占庭进行战争。托勒密还派遣舰队和提供资金支持了斯巴达和雅典的联盟与马其顿的安蒂哥努斯之间进行的克雷莫尼迪恩之战。第二次叙利亚战争对抗的是塞琉古帝国波斯的安东尼奥斯，托勒密派遣了舰队和地面部队，不仅打击了叙利亚，还夺取了在西里西亚、潘菲利亚、艾菲索、萨摩斯以及米勒图斯等地的胜利，在这次战争中，托勒密"王子"举兵反抗父王。在公元前 250 年，托勒密把注意力转回到基克拉迪群岛、希腊中部的阿利坎特联盟和在伯罗奔尼撒半岛北部的亚该亚同盟。在这些战斗中，托勒密没有派遣军队，而是直接提供钱银资助反马其顿的起义。研究显示，战争援助补贴是由托勒密的钱币支付的，这些钱币进入当地之后，有一些重新流通，有一些被重新铸造，还有一些在原本的托勒密钱币图案之上被加入了当地钱币的图案。

在托勒密二世的时候，钱币、财政和技术的重大变革带来了相当程度的经济发展。在公元前 270/269 年，比东运河恢复通航，它将尼罗河三角洲与埃及和叙利亚—巴勒斯坦边界的红海连接起来。新港口在这条运河和巴比伦—曼德海峡之间的红海沿岸线上，如阿斯诺伊行省、米奥斯·霍尔莫斯、菲洛特里斯、勒扣斯·里门和贝列尼凯·特罗哥狄提科，这是一条通商路线的终点，由菲拉德尔福斯建立，穿越整个东部沙漠地区并一直延伸到科普特斯。这种结合了政治和经济优势的战略发展途径可能成为红海和东部沙漠崛起的原因。

出于完全不同的目的，法尤姆在公元前 2 世纪 60 年代末期和 50 年代初期的时候得到重新开垦。这是利比亚沙漠中位于孟斐斯西南约 60 公里的一片低洼地带。新开垦的土地很可能是为了促进王朝的农业发展，为希腊征服者寻找新的定居点，以及为都城及军队寻找新的粮食来源地。一个典型例证就是赐予财政大臣阿波罗尼斯价值 10000 银币的田产，在他的监督和管理之下，这处田产成为王朝主要的农产品产地。同样，国王的其他朋友和高级行政官也得到了大量的土地分配，在法尤姆还有埃及当地的大庄园主。公元前 266/265 年，托勒密二世开始推行人头税，铜币的大小和数量都有所提升，逐渐成为埃及农村流通的主要钱币。在托勒密的重要领地也就是塞浦路斯、昔兰尼和科伊尔叙利亚的铸币中也发现有铜币，且通过流通和运输到达其他省份。大家所知道的《莎草纸税收法》，包含分别于公元前 263 年和公元前 259 年颁布的两套法规，保留了关于征收主要现金税收的官方意见，原油垄断和税收以及银钱的监管是重要内容。学者们认为，这些指示不是新推出的，而是对以往行政指令的强调，以便更有效地征收税费。有趣的是，在始于第二次叙利亚战争的经济和财政改革浪潮之中，亚历山大和四个新的腓尼基铸币时期铸造的托勒密银币不再使用皇室头衔，而是使用了托勒密一世的宗教头衔。所有托勒密国王都采取了与他们的统治宗教相关的宗教主题。然而，索特的名字出现在他儿子在位时期的钱币上，这表明当时的财政改革很可能与托勒密王朝想要在世人面前树立起来的形象有所联系。

托勒密三世在公元前 246 年继位，并立即在叙利亚发动了另一场战争。战争爆发的原因是他的妹妹贝列尼凯被继子塞琉卡斯二世谋杀，但这场战争很快蔓延发展成一场扩张行动。在第三次叙利亚战争结束时，叙利亚的塞莱西亚、西里西亚、潘菲里亚和小亚细亚爱奥尼亚，以及博斯普鲁斯海峡、南色雷斯和幼发拉底河上游纷纷成为托勒密王朝的领土。帝国的领土面积此时已经达到最高峰。托勒密亲自用文字记录了这段历史，为自己歌功颂德。回国后，他利用这个机会宣布自己是法老并在公元前 243 年采用了"尤尔盖特斯"这个称号，还推行了铸币和税收变法。这发生在公元前 245 年，即第一次埃及叛乱之后，事后证明一切的事并非偶然。[①]这次战争之后，托勒密三世直到公元前 222 年去世都没有再主动发动大规模战事。相反，他采取向联盟、王室和城市提供大量补贴的方式来巩固自己的霸权。一些学者认为，这些政策对托勒密王朝的财政健康来说是致命的，因为有大量证据表明，从公元前 2 世纪 30 年代后期开始，在埃及农村流通的银币数量日渐稀少。公元前 243 年，托勒密成为亚该亚同盟的霸主，也是名义上的保护者，且一直向该联盟定期拨款直到公元前 225 年为止。当他开始转而与斯巴达国王克琉墨涅斯结盟之时，他的钱也随之投向新的战略联盟。像亚历山大一样，阿塔

---

① 关于此次反抗，除了托勒密不得不中断其行动和回到亚历山大港之外，没有太多其他信息。

罗斯这些政治人物也可能得到了托勒密王朝的资金支持。罗兹岛也成为托勒密的受益方。当岛屿在公元前 227 年经历了毁灭性地震后，像许多其他君主一样，托勒密三世为岛屿提供了慷慨的财政支持，并提供了大量的现金和实物援助。罗兹岛是东地中海和托勒密王朝的一个重要盟友与贸易节点，这是托勒密出资规模之大的原因之一。除了这个原因之外，托勒密是想通过一系列的行动来昭告天下他在希腊世界的不可撼动的杰出地位。

波力比阿斯将托勒密王朝前三代国王到托勒密四世的逐渐过渡描绘成一段衰退的历史。他研究的史料并没有支持托勒密四世奢侈的王室生活和大量开支这种通常印象，反而是凸显了之前三代国王为了巩固王朝合法性而采取的一系列财政措施。对外，托勒密的政权保持稳定。在爱琴海和希腊大陆，托勒密四世斐拉佩特仍然很有影响力，且与罗兹岛关系牢固；色雷斯、昔兰尼和塞浦路斯都拥护托勒密王朝，在第四次叙利亚战争中，他成功地保卫了叙利亚—巴勒斯坦。然而，埃及境内开始发生重大的变化。对庙宇建设的慷慨支持、对祭司和人民的其他大量财政捐赠意味着国王必须应对新的内部压力。托勒密四世斐拉佩特在位期间继续修建奢侈的陵寝，包括为亚历山大修建的坟墓。这些举措可能是试图扭转王朝衰落气数，为王室赢得尊重。在拉斐亚战役中，埃及本土士兵在一百年来第一次被招募入军队服役，并且取得了胜利，在亚历山大港举行盛大的庆祝胜利仪式，但在埃及北部却发生了叛乱。不幸的是，起义事件的起源非常难以确定。公元前 217 年，埃及的孟斐斯驻屯军颁发的拉斐亚敕令暗指了军事财政大臣的叛国，一些学者认为这是希腊军队及其领导人的叛变，另一些学者认为这是埃及其他人民的反抗。发生在公元前 206 年的底比斯叛乱则是在历史上有更多记录并且后果更加严重的事件。整个地区都强烈反对亚历山大政权并建立独立的城邦，并将统治延续到公元前 186 年，其间经历两代法老统治。托勒密资金支持下的神庙建设暂时停止，其中比较著名的是埃德夫神庙，一直到公元前191 年之前，底比斯都没有再向王朝缴纳过赋税。

反抗的社会根源可能很多，表现出来的可能是各种各样的破坏行为。其他地区的反叛活动也带来税收收入的缩水和债务的拖延支付直到免除。有迹象表明，托勒密在公元前 2 世纪 20 年代开始已经试图加强对上埃及地区的财政控制。国家对于长期债务的免除、私人土地被拍卖，以及征税体系的变革都可能成为底比斯城的阿蒙神庙无法继续建设的原因。托勒密四世在 40 岁的时候驾崩，留下了一个 6 岁的儿子当上新国王。与其说他的统治是一个全面衰落的时期，不如说是一个结构性变化的时期，统治阶层和被统治者之间的默契不再，需要重新调整彼此之间的利益格局。这种社会变革也通过王朝的货币体系变迁体现出来。

第一部分 货币和钱币

导　言

通过大量生产钱币，托勒密三世在政治和经济上确立了自己作为埃及及其领地以及更广泛的希腊世界的统治权。贵金属钱币上的头像与公共仪式所代表的君主制形象的发展密切相关，这反映了托勒密货币与托勒密统治的合法性和接受程度之间的紧密联系。

然而，越来越清楚的是，宣传这一词语没有充分描述古代世界的权力代表。相反，钱币和金钱就像其他媒介一样，代表着发信人和收信人之间的对话，在这种情况下，这意味着国王、钱财所有者和钱币的使用者，在一个微妙的交流过程中对接收者的期望作出反应，而不是在接收者身上强加任意的图像。根据这一论点，笔者提出了一个观点，就是钱币的铸造和头像设计代表不同类型的使用者的期望和愿望。

托勒密统治下的货币发展有两个方面。一方面，建立了托勒密的贵金属钱币，并对其他流通在希腊王国的货币进行维护；另一方面，为埃及本身引进和生产钱币，税收和外汇日益货币化。托勒密钱币发展了一种独特的、高度可辨认的形象：它变得比帝国钱币轻，外国钱币被禁止在埃及及其附近的帝国领地使用。此外，一种特别大的铜币被采用，成为日常交易和纳税的主要货币，使用范围主要是埃及及其附近的领土。尽管托勒密货币政策的内部和外部相互关联，但必须对其加以区分，因为它们影响到不同的社会群体和经济。笔者认为，实际上铸币与银币仍然是相对分开的。尽管铜币和银币是可以互换的，但它们并不是囤积在一起的，通常是分开记账的。在托勒密三世统治前期，铜币纯属当地货币，而金和银则将个人、群体和驻屯军移民的经济、首都和港口的经济联系在一起。国家对铜币的供应与该国日益增加的货币税收和行政管理有关，而贵金属钱币的供应则取决于亚历山大、军队和托勒密王朝本身的需要。很难说铜币是否有贵金属资源做后盾，但没有迹象表明这一因素在古代世界有任何意义。

到大约公元前220年，货币制度经历了危机，随后发生了变化。到了20世纪30年代末，贵金属钱币似乎从农村逐渐消失，而托勒密王朝对朋友和盟友的对外付款则开始用铜币支付。由于当权者的法令尚待讨论，贱金属钱币和贵金属钱币之间的信托关系破裂，它们的汇率成为谈判和地方政策的问题，显然这是由钱庄控制的。随着时间的推移，一德拉克马银器和一德拉克马铜器已不再大致相当。不幸的是，我们缺乏资料来说明莎草纸上所证实的变化是亚历山大中央政府试图解决货币问题的结果，还是地方对失控的制度作出反应的结果。但是，货币危机与政治危机不谋而合，其特点是地方动乱，地方分离主义和托勒密人迫切需要重新确定他们与当地庙宇之间的关系，特别是在底比斯区域。再加上托勒密君主制受到来自外部的压力，中央权力的衰落、政治的解体和对地方行政当局日益缺乏控制力，似乎是造成公元前3世纪末货币制度问题的原因。

第一章 国王的钱货币化

货币化通常被定义为钱币的使用和流通量的增加，但是货币化不能简单地用钱币的增加来衡量。现金只是货币的一种形式，货币交换可以在没有钱币的情况下进行。货币的常规功能是一种支付手段：交换媒介、价值计量、记账单位和财富储存等功能可以分别由不同的物质来执行，其部分功能也可以由钱币来执行。法老时代的埃及是一个货币功能通过多种媒介传播的社会，这是一个特别好的例子。谷物、油料、称重的金属和钱币或多或少地具有部分货币功能。在古埃及，很长一段时期内，有些物质被用作价值的衡量标准，而另一些被作为财富的储存方式，所有这些都在特定情况下被视为支付手段。但它们没有一个被普遍接受为货币，或在整个埃及被用作交换媒介。

此外，普遍公认的度量衡等通用货币流通的关键先决条件，以及中央管理和控制机构都不存在。大型庙宇，如孟斐斯城的普塔寺或底比斯城的阿蒙寺已经证明了金银的价值，但仅在其影响达到一定程度时才有效。

在马其顿征服埃及之前，埃及也有钱币。在公元前 5 世纪末期，在孟斐斯大量发行的雅典 4 德拉克马银币仿制品开始被大量铸造。如果这些钱币确实可以归属于孟斐斯城，则很可能被用来支付希腊雇佣军的费用，并用于总督和祭司进行的区域间商业活动。此外，埃及象岛的一个阿拉米人驻军曾在其军区边界内使用过谢克尔和仿制雅典德拉克马银币。例如，在波斯统治的第二个时期，也有一个小问题，即阿尔塔薛西斯三世发行的雅典仿制品。有趣的是，这个问题与世俗体文字记载的文献上阿尔塔薛西斯法老有关联，因此，这首先就排除了与希腊人用此钱币进行交易的可能性。从公元前 6 世纪末开始，一定数量的外国钱币运抵该国。这些钱币在托勒密之前的时期可以从婚约记载中找到踪影，有的时候也作为银钱储藏之用，根据其不同重量进行切割。埃及的货币化始于希腊征服前的几个世纪，但仅限于一小部分交易。法老时代有各种形式的货币和钱币，但埃及缺乏一种统一的货币，这种货币在整个埃及被普遍接受并用于征税和交换。从政治角度来看，最重要的是，法老和总督都没有用钱币来代表他们在埃及的统治，而是仿造雅典德拉克马银币，因为它们在地中海盆地很受欢迎。

马其顿人把一种国家钱币引入埃及。但埃及迟迟没有这样做，波斯总督没有采取这一步骤，托勒密在公元前 3 世纪末也同样碰壁，这些都表明这不是一个简单的行政问题。埃及的经济和财政剥削过去都是在没有钱币的情况下进行的，而埃及国内缺乏白银资源，这对钱币的生产构成了严重的障碍。为了理解这项任务的艰巨性和背后的政治力量，我们需要知道这一过程的钱币引入不是一蹴而就的。在埃及，钱币早期不像在后期那样具有举足轻重的地位。埃及被征服不久，尤其是在亚历山大去世后，钱币成了支付士兵军饷的支付手段，托勒密在成为总督之前在孟斐斯进行了铸币，铸币在埃及的流通量日益增多，并在托勒密一世统治下建立了封闭的货币体系，后来在托勒密二世及托勒密三世统治下，埃及城邦之外领土的影响日益扩大，这些都是托勒密在埃及建立封闭货币制度的漫长过程中的各个阶段。此外，被马其顿征服前夕，埃及国内的货币发展是托勒密王朝取得成功的一个重要先决条件。

钱币的出现

孟斐斯城的铸币厂建于公元前 326 年到公元前 325 年，即马其顿统治的几年后。在此之前，总督一直依赖马其顿的钱币和亚历山大其他帝国的铸币，这些铸币厂在埃及开始生产钱币很久之后仍然是主要的供应中心。在埃及废弃的 318 枚钱币中，大部分是安菲波利斯和其他地方生产的亚历山大死后铸造的钱币。在这批银币中，只有 4.45% 是在公元前 326 年到公元前 318 年之间埃及铸造的。此外，根据亚历山大生产的一系列钱币可知，这些钱币模型使用了四年以上，除非生产的银币数量非常庞大，并无其他可能的解释。

我们对最初埃及境内外生产的钱币的流通情况了解得非常有限。克琉墨涅斯在公元前 331 年至公元前 323 年对埃及的残酷统治的细节不得而知，但他的一个主要财政项目是建造亚历山大港。此外，庙宇铭文提到的以亚历山大的名义建造和修复的项目就在这一时期，但是究竟政府行政机构参与这些建造项目的程度如何我们还不能确定。《亚里士多德经世伪学》里面提及，根据克琉墨涅斯的规定，行省的行政长官必须用出口谷物所得的钱纳税。同一文献资料还提到克琉墨涅斯从祭司、富有居民和从事商业的地方行政人员那里榨取钱财的几种伎俩。如果这些故事是以历史观察为基础的话，那么在市场上从事规模经济的人和地方税务部门的高层都使用货币。相反，没有迹象表明，从广大民众那里征收的任何税款都是现金，也没有迹象表明，大部分民众参与了产生现金的商业交易。在马其顿统治的前 10 年里，亚历山大城外的钱币只在神庙精英、富裕的庄园所有者和各区长官之间流通。其流通受到这些团体的货币税和为筹集这笔钱而从事的商业活动的刺激。

托勒密改变行政制度的书面证据在公元前 3 世纪上半叶之前并未出现；事实上，托勒密一世的大部分活动都必须从他死后的情况中被推断出来。然而，这些钱币本身使人们对亚历山大作为埃及的行政中心和首都日益突出的地位有所了解。

亚历山大很可能是在公元前 321 年到公元前 320 年被确立为首都的，当时托勒密接管后不久，将亚历山大的遗体长途运送到另外地点，埋葬在埃及。在亚历山大的坟墓周围形成了一个信徒的团体，作为对这个城市的创始人和它的保卫者的敬意。

同年，铸币从孟斐斯转移过来，一个新的钱币发行了。托勒密为创建者亚历山大举行了崇拜仪式，确立了亚历山大作为首都，并将铸币从孟斐斯转移到亚历山大，这些都是相关联的，代表了托勒密试图在新的海外领土总督阶层中建立一个新政权的不同尝试。在这一过程中，出现了一种新的可以辨认的托勒密钱币。直到那时，亚历山大大帝的钱币在马其顿的整个势力范围内流通，包括埃及，钱币正面印有一个装饰的赫拉克勒斯头像，背面印有一个坐着的宙斯，右手拿着一只鹰。这种赫拉克勒斯的肖像被改为年轻时候亚历山大的肖像，正面是带有公羊角的大象，而坐着的宙斯则保留在背面。

有人认为，正面的图像不是亚历山大本人的肖像，而是亚历山大墓前立式雕像的头部。如果真的是这样的话，那枚钱币不仅表示亚历山大的征服，还表示对亚历山大的崇拜，钱币与帝国首都的建立和克提斯特人的崇拜联系得更紧密。埃及的货币供应仍然以马其顿和其他地方生产出来的钱币为主，奠定了属于并代表埃及铸币的基础。

向托勒密铸币发展

亚历山大在钱币上的出现是革命性的。在那之前，只有在非常特殊的情况下人像才被印在钱币上，小亚细亚为我们提供了现存的最丰富的这个方面的例证。也许正是因为这一传统，小亚细亚铸币曾将菲利普二世的头像铸在一枚金币上，当时亚历山大的同父异母兄弟、合法继承人阿里提奥斯在公元前 323 年继承马其顿王位时改名为菲利普。但在埃及，征服者的头像却出现在一枚普通的金币上，他的地位超越了神化英雄的水平，并为权力和统治的合法性创造了一个新的标志。

另一个图像变化发生在公元前 315 年到公元前 314 年。在钱币正面，亚历山大的头像和公羊角以及头戴饰品一起出现，而原本背面的宙斯坐像被一个站立的雅典人取代。

这一系列早期版本首次以托勒密的名字命名，尽管上面仍然附有亚历山大的名字。从幸存的文献记载案例数量来看，新钱币的数量很多，比托勒密以前的版本要多得多。

亚历山大式的钱币头像分析起来是一个复杂的问题。公羊的角遮住耳朵，这是宙斯阿蒙的特征，让人联想到寓言故事中亚历山大拜访西瓦的预言师阿蒙，而被确认为是宙斯的儿子，地位得以巩固。大象的战利品象征的应该是对印第安的征服，也许还暗指亚历山大与赫拉克勒斯的联系。

头像额头上的头戴饰品是希腊胜利的象征，但同时也是年轻气盛又得胜归来的狄俄尼索斯的人物特征。托勒密王朝和其他希腊统治者一样，在他们的自我表现中大力运用狄俄尼索斯意象，最终托勒密四世因其信仰与神的关系而改名为尼欧斯·狄俄尼索斯。托勒密二世的壮观游行在很大程度上也是狄俄尼索斯意象的象征，国王在那个时候在很大程度上公开支持的也是亚历山大羽翼之下的狄俄尼索斯派系的力量。后来，托勒密一世在接待罗马使节时，甚至穿上了酒神节狄俄尼索斯的长袍。托勒密一世的第一枚钱币表明，埃及人把酒神与神圣统治者相关联的倾向很早就开始了，而且从一开始就塑造了新权力本质的大众形象。

托勒密钱币的差异化图像显示了托勒密对其合法性投入的象征性能量及其在钱币上的表现。银质和金质雕像都是按雅典的标准铸造的，但银质和半金质雕像稍轻一些。一些面额的钱币自身重量的减少对于埃及货币经济至关重要，标志着重量标准已经开始成为一种策略被广泛推行。仅较小面额钱币的重量减少，足以表明埃及国内的交易对钱币的需求日益增加。虽然对于托勒密势力范围以外的 4 德拉克马银币流通而言，减轻重量并非一定不可行，但主要在总督辖区内使用的面额可以更容易进行称重以衡量其价值。这是对货币的理解发生重大变化的一个例子，据此，钱币的价值被认为是由其在政治边界内的印记决定的，而在政权外，钱币的价值则是由其贵金属重量衡量的。

大约在公元前 312 年到公元前 310 年，托勒密停止在埃及境内生产金币。同时，在钱币外观没有任何变化的情况下，银币的重量从约 17.3 克的雅典标准减少到 15.7 克，这是当时不与任何其他标准相对应的独特规定。重量的减少通常被认为是在发行期间完成的一项临时措施。此外，人们还注意到，许多新的轻质钱币是在旧的较轻钱币基础上的重复铸造。对贵金属钱币的迫切需求似乎是减轻重量的最好解释。如果以军事开支为理由，叙利亚公元前 312 年到公元前 311 年远征和公元前 313 年到公元前 312 年塞浦路斯的战事失利就是一个背景。但对钱币资源的压力也产生了一定后果。例如，布托城的祭司开始急切地确认他们从该镇附近的土地获得的收入。他们在一份官方文件中强调，这块土地是被薛西斯夺走的，但后来法老把它收回到神庙里。托勒密对钱的需求似乎超过了钱币的供应，叙利亚远征只是其中一个原因。有了更多的钱币，托勒密也朝着自己的钱币进一步迈进。与此同时，人们对他的钱币在托勒密的势力范围内被接受的信心也越来越大。

王室铸币

公元前 306 年，托勒密一世被其军队宣布为国王，并发行了一系列新的金币。如价值 20 德拉克马的 chrusoi，它展示托勒密的肖像，戴着王冠，手持宙斯盾。这枚金币是在中断六年后发行的，其间没有铸造任何金币，而且在世界历史上第一次印有一位在世的国王的肖像。钱币的反面仍然是亚历山大，手持霹雳锤，牵着四头大象拉着的双轮战车。这些资料佐证了国王作为征服者的后裔的合法性。这四头大象一定与首都庆祝的亚历山大宗教团体有某种联系，因为它们也出现在托勒密二世的盛大游行中。在这里，它们是一个规模较小的游行队伍中的一部分，可能与托勒密一世建立的亚历山大派系集团有关。正面的宙斯盾标志着托勒密是宙斯的后裔，或阿蒙的儿子，因此他是一个新兴王朝的成员。

托勒密国王的钱币充满传奇色彩，字面意为"托勒密国王之币"。

金币铸造的重量为 7.15 克，4 德拉克马银币的重量为每单位 3.57 克。标准银币保持在每 4 德拉克马银币 15.7 克，并持续在五年内一直铸造雅典娜·阿基德莫斯类型的货币。公元前 300 年，银币斯塔特的重量从 15.7 克减少到 14.9 克，钱币正反两面都是王室类型图案。正面是托勒密的肖像，戴着王冠，拿着宙斯盾，反面是站在雷电上的鹰的图案。最后，大约从公元前 295 年起，在没有改变类型的情况下，以每德拉克马 3.57 克的重量标准铸造银币，并在接下来的两个世纪里基本保持不变。那时，或者稍晚一点，开始铸造德拉克马金币，背面印有鹰的图案，就像古希腊银币一样。

标准银币主要是用 4 德拉克马币形式铸造的。在城邦以外的郊区和农村，这样的货币单位对于日常交易来说并不实用，因为一阿塔贝小麦的价格是 1~2 德拉克马，足够一个人吃一个月。公元前 3 世纪的前 20 多年间，德拉克马银币的碎片或多或少开始使用和流通，辅之以一些铜币材质的钱币，但现存钱币的数量并没能说明对这些钱币的需求量很大，这使人怀疑当时埃及境内是否大量使用钱币进行日常交换。我们还应指出的是，贵金属钱币的最终改革与大约公元前 290 年亚历山大王朝崇拜的第一条证据大致吻合，当时的钱币仍主要是亚历山大和地中海风格。

托勒密一世的铸币在金币诞生几年后才对普通银币采用减重标准，这一事实进一步揭示了托勒密一世铸币政策的性质。两种金属重量标准的最初差异意味着金银之间的名义关系与预期的基于金属本身重量的价值关系不同。西奥多·雷纳赫曾经认为，黄金市场价值的变化解释了这种价值差异。亚历山大在他的帝国钱币上采用的金银比是 1∶10 的关系，到了公元前 4 世纪末已经不合时宜了，因此金币开始铸造得更轻了。这样，在公元前 309 年，昔兰尼已经铸造了一枚金币，重量比现在银币的 1/10 还轻。托勒密也是这样调整了自己铸造的金币的重量，使其相对于白银的单位重量价值增加了，确定为 3.57 克/德拉克马，而不是 3.9 克/德拉克马。此外，银币的重量也被降低到 3.57 克/德拉克马，这个时候出现了三单位的金币，造成金币和银币单位价值差异进一步增大，因为这种新铸造的金币价值 60 德拉克马银币，但重量仅为 3.57 克，仅仅相当于 5 德拉克马银币的重量，换句话说，这里表示金银之间的价值关系为 1∶12。公元前 272 年至公元前 271 年，金币重量进一步减轻，当时价值 100 德拉克马金币与 8 德拉克马银币的重量相当，代表了 1∶13 的价值关系。此外，短期内黄金价格的变动可以通过在将白银兑换成黄金时收取 10%～12% 的灵活差价加以调整。

国际黄金价格影响当地铸币政策的概念属于希腊经济的过时概念。然而，应当指出，其他希腊国王在公元前 4 世纪末完全停止金币的铸造。因此，值得注意的是，托勒密没有这样做。其原因可能是多方面的，但对钱币明显增大的需求，加上获得金矿的途径相对较宽，必然在众多原因之列。金币对托勒密王朝的奖励制度非常重要。虽然有学者的计量学观点可能过于强调国际货币价格，但托勒密王朝仍然很可能减少金币的重量，以增加金币的产量。

在托勒密一世和他的继任者的领导下，钱币的产量是巨大的。梅丹西卡勒古钱币藏品为定量研究提供了新的机会。这三个储藏室中的一个储藏室与其他储藏室分别存放了 2141 件托勒密 4 德拉克马钱币，年代为公元前 290 年末至公元前 240 年末，当时储藏室被掩埋。目前，学术界对这批金银的钱币分析存在争议，但可以肯定的是，托勒密一世和托勒密二世统治下的 4 德拉克马银币的产量大大超过了其同时期的任何其他王国，包括一直被认为钱币流通量较大的塞琉古王国。这种巨大的产量得以消化的原因可以解释为当时托勒密钱币已经成为托勒密王朝势力范围内的主导货币，托勒密一世统治后期，埃及及其核心领地实行封闭货币制度，需要更多的当地生产的钱币。然而，鉴于埃及本身贵金属资源稀缺，这种情况对大规模货币制度会产生不利的影响，那么托勒密为什么非要走这条道路呢？

封闭的货币体系

实行封闭货币制度是操纵托勒密钱币重量标准的直接后果。这一制度禁止在埃及境内及其主要领地的边界内使用外国钱币，对古代世界来说，这是相当不寻常的。托勒密钱币区的建立，包括古利奈、塞浦路斯，通常可追溯到君主制的开始，或稍晚一点，当时银币完全降低了标准。

然而，仔细分析之后可知，在埃及，将外国钱币排除在流通之外在实践中是严格执行的货币政策，像立法问题一样是人们所期望的。此外，这似乎不是孤立的经济政策的一部分，因为没有任何证据表明这一点。

这一制度具有财政和金融方面的优势，在执行政策的影响下划定了托勒密的势力范围。但这一制度在管理和钱币生产方面的成本过高，不太可能成为帝国政治的一部分。在接下来的几页篇幅中，我将论证埃及禁止外国钱币只是正好符合了格雷欣定律的一种假设，格雷欣定律认为，价值被高估的钱币会使足额足重的钱币无法流通。换句话说，托勒密统治的前 30 年对钱币的高需求首先导致钱币重量标准的降低，进而导致囤积外国钱币的倾向。作为回应，他实施了一种封闭的货币制度，铸币通过这种制度在每 4 德拉克马的银或黄金的等价物上赚取了 3 克的差额，当作货币兑换时收取的费用。

托勒密封闭式货币体系已变成一种普遍性说法，学者们很少回到证据本身。这是货币学和莎草纸文献考证学都涉及的问题，但实际上两者没有讲到相同的事情。让我们从这些钱币储藏地发现的证据开始。第一个重要的储藏位置是所谓的库夫特宝藏，在公元前 305 年至公元前 304 年的某个时候被保存在底比斯的库夫特。发现的地点具有一定的意义，因为大多数其他钱币储藏遗迹来自三角洲和下埃及。库夫特的钱箱里装着来自埃及境内外的钱币，就像它之前埋藏的所有其他钱箱一样。然而，这些钱币也可分为两个不同的时间顺序组。埃及本地发行的钱币可追溯到公元前 305 年之前，而所有外国发行的钱币可追溯到公元前 310 年或更早。公元前 310 年埃及不太可能禁止使用外国钱币，因为同一时期所谓的伐考斯宝库中确实存有外国钱币，时间跨度一直到大约公元前 302 年。有人认为，库夫特金库缺少这些钱币，因为它们可能需要较长时间才能运到南方，但没有平行证据表明，这段时间的 5 年跨度内有钱币能够运到非常偏远的地区。因此，对于在库夫特金库没有发现公元前310 年至公元前 305 年铸造的帝国钱币，没有其他解释，因为在公元前300 年之前，托勒密钱币和外国钱币以不同方式流通和分开存放，类似情况已经存在。

而另外两个储藏时间大致相同的钱币遗迹显示了同样的显著性，尽管有着不同的模式。其中一个比较大的在三角洲地区，里面有大约2000 枚雅典娜·阿基德莫斯类型的钱币，在亚历山大铸造，重量有所减轻，铸造时间是公元前 311 年到公元前 300 年。另一枚要小得多，但同样只包含这个重量标准的钱币。如果我们现在能够发现的这些残留钱币正是当初储存钱币中原始的那批，那么就证明从公元前 311 年以后，托勒密开始发行重量较轻的银币，托勒密钱币与其他钱币分开存放，可能用于不同的交易。或者还有一种可能性，更重的钱币只是用于储藏，正如格雷欣定律预测的那样。

就在外国钱币从埃及消失之前的时期，最重要的钱币储存地点就是所谓的伐考斯宝库。可能在公元前 279 年之后不久，被埋藏在三角洲的扎加齐格附近。它由两个罐子组成，一个早在公元前 300 年被封，另一个装有钱币，一直到约公元前 279 年才封存。其中，1 号罐子里面装着一系列外国钱币，包括埃及铸造的希腊重量标准的亚历山大钱币和仅有的三枚雅典娜·阿基德莫斯类型币；2 号罐子只装有托勒密二世前几年的托勒密/鹰型钱币，这表明早期的雅典娜·阿基德莫斯类型减重钱币与这些钱币并不十分相容。这些钱币要么保存在另一个容器中，要么在足重钱币已经被储藏的情况下继续在市场上流通。2 号罐子装有公元前300 年之后的储存物。足重和减重型的帝国钱币仍然存在于这个国家，尽管它们可能已经不再流通了。

这四个钱币储藏宝藏共同表明了这一进程。自约公元前 311 年第一次重量标准降低之后，钱币存储者通常将不同重量标准的钱币分开存放。这就解释了库夫特储藏的钱币存放时间为什么会存在差异。涉及雅典重量标准的帝国钱币的交易已经停止了好几年，而囤积者继续接受和使用托勒密钱币。同样地，1 号伐考斯罐中的钱币的范围和几乎没有任何重量减轻的托勒密钱币这一事实表明，雅典重量标准的钱币当时已不再流通，而重量较轻的托勒密货币已开始使用。2 号罐子代表另一种情况，也许时间稍晚些，包括公元前 300 年之后铸造但直到公元前 279 年之后开始进行储藏的钱币。可能伐考斯储藏的钱币代表了一位钱庄主的财产，其拿了外国钱币并兑换成当地币种。或者它们可以表示两个时期的藏品，一个到公元前 300 年前，其余的在那之后。三角洲钱币储藏显示了另一方面。如果完整地看，这些代表了约公元前 312 年至公元前 300 年的藏品，其中包括一种托勒密自己标准的钱币。这些可能是储藏者唯一使用过的钱币，也可能是被储藏在隐蔽处，与其他流通货币分开保存。

到了公元前 4 世纪末，希腊标准重量钱币以及重量减轻的雅典娜·阿基德莫斯钱币在埃及以及托勒密时期塞浦路斯和叙利亚的属地中都消失了。但是，帝国的标准重量钱币与托勒密时期重量减轻的货币在几年前就已经分离了。虽然最初的减重效果并不明显，但钱币的使用者对此有所反应。封闭式货币体系反过来又是政府对囤积标准重量钱币的反应，这些钱币对财政部门来说更有利可图且利于保存。

从泽农档案记录的一封信中我们得知，已颁布的一项皇家敕令命令将带入埃及的外国钱币重新铸造成托勒密货币。但这封信的内容只涉及金币。

托勒密在公元前 270 年末推出了一种新的金币，这种金币不再是用 2 德拉克马金币和 5 德拉克马金币铸造的，而是用姆莱伊亚金币和 50 德拉克马金币铸造的。这是一种较轻的金币，进一步增加了金币和银币的名义价值与金属价值之间的差异。根据一张与德米特里奥斯的信日期大致相同的莎草纸文献记载，我们知道这两种金币一起流通了一段时间。然而，就在信的日期前不久，破旧的金币似乎被召回了。德米特里奥斯可能面临的问题是找到老旧沉重的外国货币与新型金币或标准银币之间的汇率。这些旧钱币应该换成它们的实际重量或面值，即换成 60 德拉克马银币，还是更多？因此，费拉里托斯可能会停止交易，等待财政大臣进一步的指示。这里最后两句话的措辞可以从皇家敕令的原始文本中进行解读，命令对所有域外钱币进行重新铸造，但是这条敕令是托勒密二世颁布的，而且关注的是金币的改革，从几年之前就已经开始了。

对于封闭货币体系的引入，现有证据都纯粹是从钱币学研究的学术角度进行分析的。莎草纸文献记载的是另外一个敕令。如果与莎草纸文献证据 PCZI 59022 的记录一起进行解读的话，我们可以分析出钱币改革和旧钱币面值确定的问题不一定是在同一个时期发生的。当新的和较轻的钱币被引入时，旧的和新的钱币可以一起流通一段时间。只是过了一段时间，也许是当较轻的钱币开始驱逐良币，而造成对后者更多地加以储存而不使用，这些较好的钱币才被召回，并被废弃。此外，有人可能会猜测，一些金币并不是同时到达所有当地钱庄的。相反，钱庄主有时似乎比钱币的使用者了解得更少。因此，货币制度的中央控制及其对金币和铜币的频繁改革在很大程度上取决于连接中央和地方行政当局的体制机构，但这因地方钱庄与亚历山大的距离和不同国家权力的变化而有所不同。

金币、互惠与仪式

虽然金币和银币被联结成一个货币体系，但它们在埃及的流通模式和意义却截然不同。发行金币是为了支付大笔款项，作为捐款和特殊场合的奖励。它们一旦流通，就有储存价值，便于远距离运输和保管。在以莎草纸为代表的古希腊城邦以外的领土世界，黄金的作用微乎其微。有资料提到朝臣、商人、商业代理人和持有各种金币并将其兑换成托勒密银币或金币的外国人。从其他莎草纸上我们得知，像泽农这样的公职人员或不动产代理人和经理人以金币的形式存了一些钱。此外，庙宇及工作人员也持有黄金。

在庙宇区发掘的图克尔加莫斯储藏遗址中仅发现了金币。根据 P. Gurob 的记载，有 22 枚金币和银器首饰在一座庙宇中被盗；我们也知道有人出价购买圣殿屋舍，可以用金币或新银币支付。

金币代表了王权。宫廷和古希腊城邦以外的领土之间的差距巨大，正如代表不同阶级的金属之间的差距那样。托勒密王朝是用黄金来展示它们的财富的。在托勒密王朝中，银币是公民财富的象征，而金币则与外国或专制强权有关联。

第一枚带有皇家图案的金币出现在埃及的君主就职典礼上。在这一点上，值得考虑它的面值。这枚斯塔特钱币的材质是金子的，1 德拉克马金币，价值 20 德拉克马银币，相当于 1 埃及德本。这最初是衡量金块重量的标准，相当于 91 克左右，但在希腊的影响下，它已成为一种价值计量单位，相当于 20 枚希腊德拉克马银币或 5 枚斯塔特银币，而不考虑重量因素。这一等值发生在公元前 6 世纪到托勒密王朝末期，它首次在通俗婚约契约文本中被发现，尽管金银钱币在 8 个世纪中几次改变了重量。重量与价值的等值标准大致是 5 个雅典重量标准，共计重达 87 克，但在托勒密统治下，这个标准更像是一种习惯常规。在漫长的几个世纪中，保持等价的事实证明托勒密时期埃及的德本和希腊的金币都是埃及文献文本中的货币单位，而不是代表了金块的重量。

托勒密一世的金币是根据希腊克鲁索斯金币铸造的，很可能是因为这是马其顿的金币斯塔特传统。但在埃及，金币也可以方便地转换成德本币，而金币在埃及人中代表更普遍的国家货币支付手段。托勒密一世和他的继任者对埃及圣职工作的慷慨资助是有目共睹的，对控制国家和庙宇之间的关系至关重要。根据狄奥多罗斯的说法，托勒密在做总督时租借了 50 塔兰特给孟斐斯城的祭司用于神牛的下葬。虽然这可能不代表实际数额，甚至也不代表总督直接支付的数额，但它使人们了解了这种慷慨的含义和规模。在公元前 217 年拉斐亚战役之后，据说埃及军队又得到了 30 万克鲁索斯金币的奖励。当时已不再铸造金币了，但这种钱币一直在使用，甚至可能在不涉及金币流通的情况下使用。国家官方付款往往与黄金有关。

托勒密一世时期开始使用的金币在托勒密二世的统治下被彻底改进。改革的精确年代我们不得而知，因为这些钱币要确定其年份很困难，单纯从钱币学来研究我们不能确定众多历史事件与这些钱币有哪些关系。但是，我们有充分的理由将两种钱币的铸造与托勒密二世统治下的王朝崇拜的发展和相关的金融改革联系起来，这两种钱币是专门用黄金铸造的新的狄奥阿德菲尼钱币，以及用黄金和有代表性的银币铸造的阿斯诺伊黄金钱币。标准金币是以兄弟国王托勒密二世和阿斯诺伊二世及其父母托勒密一世和布伦尼克一世的名义铸造的。正面是菲拉德尔福斯的共轭肖像，上面刻有"王室兄弟姐妹"的铭文。在拯救者苏特雷斯的反向共轭肖像上，刻有"众神"的字样。这是以新面值的 8 姆莱伊亚及 4 德拉克马面值单位铸造的，这意味着两种类型钱币的价值分别为 100 和 50 德拉克马银币。

这种钱币的首次发行时间可追溯到公元前 270 年至公元前 261 年，我们的推测是在钱币学的研究基础之上作出的。

对于狄奥阿德菲尼货币体系的发行，我们宁愿把日期提前也不愿意推后，因为这样可以让我们把其与狄奥阿德菲尼一党上台的日期联系起来，很值得研究一番，时间是公元前 272 年左右，菲拉德尔福斯和他的妻子以及他们兄弟姐妹的众神都包括在内。在那个时候，头衔称呼如"亚历山大的祭司和狄奥阿德菲尼"开始出现在正式文件中。在这个时间节点发行钱币能够抓住时机，而且很容易将自己的钱币发行与之前以亚历山大名义发行的钱币看成一脉相承的事件，因为此时正赶上亚历山大下葬，另外就是亚历山大城的建造者形成了一派党羽的政治集团。然而，与众神相关的钱币发行只能说在比较宽泛的角度上能够与一些政治事件建立关联，如果说其与这对皇室统治者夫妇的崇拜和纪念相联系的话似乎有点牵强。如果阿斯诺伊还活着，为了纪念她和她的哥哥而建立了一个小团体，那么他们的神化至少会冒犯托勒密的一些希腊臣民的感情。因此，传说席恩出现在金币反面索特和布伦尼克的头部图像之上的位置，而狄奥阿德菲尼则被放在在世的国王的头像之上的位置。钱币正反两面放在一起解读的话，我们可以一厢情愿地将其理解为是对这对夫妇的神化；但两者也可以分别进行解读，因此不会带来冒犯。

钱币提供了希腊和埃及宗教思想融合的另一个例子，这种融合发生在托勒密统治的早期。正如我们从卡诺普斯法令中所知道的那样，埃及祭司投票支持这一小团体的利益集团成立新的王朝，将活着的法老神化，这既符合托勒密的利益，也符合他们的利益。与希腊的观点相反，埃及的意识形态并不反对在统治者还在世的时候就将他们的托勒密王朝纳入神圣王权的传统，因为这赋予了他们政治等级上的意义。在世君主的神圣性可以从钱币正反两面的狄奥阿德菲尼夫妇头像体现出来，这种货币体系也被理解为对这种政治需要的直接反应。

阿斯诺伊死后一段时间，托勒密二世以他死去的姐姐的名义发行了一枚特别的钱币。最初铸造发行的是具有代表性的 10 德拉克马银币，但在后来的公元前 260 年又增加了姆莱伊亚金币和古希腊斯塔特银币。10 德拉克马银币和金币的正面头像都戴着面纱、王冠并拿着权杖，背面是一个羊角花篮形状的图案，代表丰饶富庶。斯塔特银币正面的图案与上面相同，但背面是标准的老鹰图案，再次表明代表性和常规问题的象征差异。阿斯诺伊钱币是在托勒密一世统治之初铸造的，但是当他在公元前 243 年到公元前 242 年获得自己的王位正统头衔时可能就被废止了。

阿斯诺伊二世成为托勒密影响范围内最受欢迎的女神之一。从至少公元前 268 年起，她的兄弟就强烈推动她的势力集团的发展，她在亚历山大城作为女祭司的时候就成为第一任祭礼游行首席——提篮祭司，这一事实已经在官方文件中得到了证实，正因如此，她在亚历山大城担任女祭司之职后定期出现在人们的视线中。阿斯诺伊神庙建在亚历山大、孟斐斯和其他地方的港口，而女神雕像则建在全国各地的所有当地神庙中。在三角洲的门德斯，她曾是拉姆的女祭司，埃及祭司为她举行葬礼，在公元前 264 年左右，一座女神庙建成。在她死后，立即以她的名义发行了 10 德拉克马币，或与五年之前就已经开始发展起来的她自己的势力集团密不可分。后来这个铸币系列增加的金币和古希腊银币很可能已经更紧密地与政治经济环境相关联起来，从公元前 261 年前后的宗教团体和庙宇税收文献上的记载能够说明这个进程的发展。

阿斯诺伊货币体系的钱币学研究因为思想观念的融合再一次变得重要起来。钱币正中心是阿斯诺伊的形象，她耳朵下面有一个角，让人不禁把这个女王和宙斯·阿蒙联系在一起，或者还有一种可能性较小的猜测，那就是和埃及的公羊头神赫农姆联系在一起。她的权杖顶端是莲花叶，可能还有托举着太阳的蛇神。柯宇恩认为，这一细节与托勒密三世的女儿贝伦尼卡公主的集团崇拜有相似之处，卡诺普斯的埃及祭司投票支持一个新的势力集团的成立并维护其宗教上的正当性。根据权力大会颁布的法令，纪念贝伦尼卡的节日将比照为太阳神的女儿祭礼那样的规模，太阳神之女是太阳神的眼睛，和蛇神一起，他们保护了自己的父亲，也就是他们的国王。钱币上的阿斯诺伊的女神头像具有与上面类似的代表自己朝代的功能。

钱币反面的一对羊角图形也结合了埃及和托勒密的王权思想，象征着丰饶和富裕，里面盛的是与酒神狄俄尼索斯有关的葡萄酒和水果。在托勒密二世的大游行中，酒神节的狄俄尼索斯车队上所载的一个羊角形状杯被称为阿玛尔忒娅角，阿特纳奥斯在他的著述中讨论到羊角杯时提到，这种被称为阿玛尔忒娅角的酒器正是由亚历山大的阿斯诺伊神雕像所手持的。对于将两只角放在一起使用，这位作家也做了记载，他在一首诗中描写了酒神狄俄尼索斯的亚历山大舞者用双角杯的酒器欢迎菲拉德尔福斯的到来。阿特纳奥斯在评论这首诗时说，双角代表了这对兄妹夫妻阿斯诺伊和菲拉德尔福斯双双给予的赏赐。事实上，钱币上的双角形图案与狄奥阿德菲尼钱币上的王室夫妇的共轭头像非常相似。

根据狄奥多罗斯的说法，加之引用埃及的地方历史史料证据，阿玛尔忒娅与利比亚的宙斯·阿蒙生下狄俄尼索斯。他们相恋的地方形状像一只公牛的角，因此被称为头上长角的维纳斯神。这是一块特别肥沃的土地，种满了各种葡萄树和结着丰硕果实的树木。宙斯和阿玛尔忒娅在一起后，他任命后者为这一地区的主人，并将这块土地改名为阿玛尔忒娅卡洛。在菲拉德尔福斯的游行队伍中，阿玛尔忒娅之角拿在狄俄尼索斯手中，酒神身穿预示悲惨命运的服饰，戴着面具，脚穿高帮靴。跟在酒神身后的是代表一年和四季的神话人物，寓意为无穷无尽的肥沃和繁衍。钱币上的双角容器内盛着葡萄、苹果和石榴，这是酒神最典型的配酒水果，这无疑是寓意着酒神的仪式，而双角杯最开始代表的正是葡萄园的枝蔓和其他可以酿酒的水果。但是在埃及人的观念中，这也象征着王权。每一个国王都是年轻的荷鲁斯，代表着这个国家生生不息的生命力和繁衍能力，也是一个法老成功的标志。也许从这个角度来看，人们可以理解在托勒密三世的钱币上双角杯中增加了一个玉米穗的含义。

托勒密三世继承了以女王的名义发行特别钱币的传统。托勒密三世尤尔盖特斯以妻子布伦尼克二世的名义发行的钱币正面是女王头像，背面是一个双角形图案。这一时期发行的金银币面值大数量多，以其质量和外观著称。这些钱币中有非常罕见的大面额金银币，我们可以看到一些价值 15 德拉克马和 5 德拉克马的银币，还有一些价值 10 德拉克马和 5 德拉克马的金币，不仅如此，这些金银货币的铸造标准也符合全重雅典标准重量。有人认为，这些钱币只是为了对外使用而铸造的。但事实上，这一批铸造钱币具有实质功用，从现存的样本来看，这些铸币更有可能是在特定情况下为承担特殊支付职能而特别铸造的，目的就是要进行炫耀。

托勒密四世统治时期，引人注目的钱币特别是金币还继续存在。这些钱币的面值一般都很大，钱币两面所铸形象往往是代表了一个特定的利益集团，而且价值不菲，表明钱币与财富赏赐和执政君主的自我表现有着密切的联系。一个比较引人注目的例子就是一批银质斯塔特钱币和半斯塔特钱币，这些钱币的类型比较标准，但是铸造日期却可以追溯到托勒密二世在位的后半阶段，具体年代可考至索特货币时期。有证据表明，这种钱币与节庆期间开始出现的保护神狄奥·苏特雷斯和父爱之神狄奥·费勒佩特雷斯的祭司身份活动相关，发生的时间大概是公元前 214 年，地点是在腓尼基海港城市托勒麦斯。在这段时间内，上埃及地区的不满与日俱增，亚历山大势力集团的到来和节庆气氛以及原始货币体系的建立可以说是意在不同程度地唤醒托勒密时代的王朝持续性和延续程度。

托勒密四世的另一个值得注意的问题是他发行了一系列姆莱伊亚金币，这些钱币是他以神化的父亲尤尔盖特斯的名义发行的，并且一直备受争议。货币正面显示的是戴着王冠的国王、宙斯盾和莲花顶的三叉戟，证明他与宙斯、赫利俄斯和波塞冬同时存在。反面是一个带有放射状王冠的丰饶角。

对这一图像设计，有几种解释。举例来说，有人认为，这些属性的组合指向萨拉皮斯神，但是也有其他人指出这里的国王代表的并不一定是某一个神，而是众多神权相联系的一种隐喻。然而，最吸引人的一种观点是尤尔盖特斯是以永恒之神艾昂·普卢托尼奥斯的角色出现的，普卢托尼奥斯统治着世界的定期重生之门。在更晚的时候，据说在托勒密三世统治下的坎诺普斯大会上出现了一只凤凰，这预示着一个新时代的到来。埃及祭司宣布了一个新的叟迪斯时期的来临，在这个时期，皇家的统治者夫妇被埃及祭司宣布为这个富饶国家的永恒看护者。为了每年在同一天庆祝他们的节日，决定每四年设立第六个闰日。托勒密四世以他父亲的名义铸造的钱币暗示了其对于加强王朝统治权力的野心，特别是使用尤尔盖特斯的形象来实现这种野心，以对抗埃及本土精英的权力诉求。虽然对钱币的解释仍有待讨论，发行钱币的时机不明，但国王通过货币体系来强化自己利益集团的目的是明确无误的。

结　论

在托勒密统治的前 20 年里，他开创了一种有别于其他希腊钱币的贵金属货币体系，这种钱币特点明显，显示了托勒密为自己树立的独特权力形象，以及其与自己的军队、朝廷和臣民之间的关系。标准银币很快在图像设计上形成了自己独树一帜的风格，并在接下来的 200 年里一直延续着同样的传统。就像肖像画一样，这种钱币图像的标准化可能反映出托勒密帝国与其他希腊王国相比具有更大的政治凝聚力。当然这种传统代表了托勒密旨在实现这种凝聚力的程度。相比之下，封闭货币体系往往被解读为是为了应对外国钱币囤积的风险。然而，这样做的结果是大量的托勒密铸币在托勒密的影响范围内流通，甚至也到达了其势力之外的区域。

金币表明货币化与特定社会层面的权力之间的象征性联系。发行金币是为了支付大笔官方开支，特别是军事开支，但也可能是为了在民间进行捐赠和付款的需求。金币与银币相比似乎实际作用不大，但也用于商业和其他人际交易。在特殊场合发行的钱币是完全有效的货币，而货币的展示则是皇家对外炫耀中引人注目的一部分。在王室的表述中，新发行钱币的美感和代表性钱币的设计是货币政治化的一部分。

在托勒密王朝的前四位君主统治时期，国王在世的时候，其神圣愿望从来不会直接体现在自己朝代发行的货币图像之上。从托勒密的第一个钱币开始，图像学的多元性解读让我们看到从托勒密王朝的第一次钱币发行开始就已经有这种趋势，但鉴于用户之间的不同情绪，似乎避免了明显提及某一种确定不误的解读。标准银币的发行甚至更不容易看到。考虑到初始受众较为有限，黄金和特殊的银币发行可以提供更大的多样性。但即使是这些钱币似乎也没有积极地传播一个神圣的王权形象，尽管微妙地向那些期待这种结果的人暗示了这一点。

我认为古希腊和古埃及王权思想的某些融合可以从这些钱币上辨认出来。这一合并促进了希腊统治者的发展，并回应了埃及人对国王作用的期望。虽然在图像上表现出埃及神话的某些形象是托勒密铸币的重要方面，但值得我们注意的是，整个托勒密时期仍然完全是希腊的表现形式。托勒密王朝在货币经济中明显地表现出他们在混杂的社会环境中的文化支配地位，其作用甚至超过了统治当局。

第二章　农村的货币化

早在公元前 312 年左右，当银币的重量首次减轻时，托勒密就开始用斯塔特银币的部分材料来铸造铜币。从此以后，德拉克马银币很少被铸造，而欧宝钱币、半欧宝钱币和查柯则是用便宜的金属铸造的。自公元前 4 世纪初以来，马其顿就使用铜币，并将其作为亚历山大帝国钱币的一部分。托勒密首先沿用了帝国钱币的面额，然后创造了更大的面额。公元前 295 年，当银币降低到其最后标准重量时，增加了面额的范围。在托勒密二世统治下，大规模生产铜币开始作为更全面的货币和财政改革的一部分。当时生产量异常惊人，这在希腊化时期的世界任何地方都无与伦比。钱币的体积很大。在托勒密一世和希腊世界的其他地方，最大的直径约 20 毫米，从托勒密二世开始，最大的碎片直径达 45 毫米。在其他地方，铜币都是银币的附属品，仅仅存在小面额的铜币，铸造铜币比铸造银币更方便。在埃及，尽管在公元前 3 世纪的大部分时间里，铜币名义上与银币挂钩，但所有日常交易都可以不用银币进行。

这些体积庞大的铜币表明它们的引入与以前的钱币体系明显不同。这是一种全新的货币形式。它们与银币和金币分开囤积，在结算时通常与银币分开。

虽然这两种钱币都是同一货币体系的一部分，但对于相同的付款行为，铜币和银币是不同的商品。铜币被正式兑换成银币，银币只能由钱庄兑换，并且必须在兑换时支付一笔差价。对国家的付款，则公开规定了以何种货币付款。如果用银币计算的付款是以铜币实现交易的，那么一个斯塔特银币需要支付 $25\frac{1}{2}$ 到 $26\frac{1}{2}$ 欧宝铜币兑换，而不是按照 24 欧宝的正常比率兑换。

将铜币作为图像学研究对象也会依据不同的原理，与埃及的金银铸币有很大区别。我们已经看到，标准银币的设计比特殊的金币更接近传统形式。铜币更保守，因为埃及的铜币从来没有展示过托勒密的肖像、宙斯的肖像、亚历山大的肖像。铜币反面使用了托勒密鹰的肖像。从托勒密三世开始，鹰的图案就经常被一个丰饶角所取代。如上文所述，如果货币上的图案是为了尊重使用者的感受，则铜币的图像学差异是显著的。在主要为古希腊城邦以外的领土支付而铸造的钱币需要对其情况进行具体分析，注意避免用托勒密来代替神的图案。钱币反面好像可以认定是托勒密王朝的标志，而正面的头像则指的是钱币的神圣权威。

铜币的使用

铜币的增加可能与托勒密二世在公元前 266 年至公元前 259 年推行的财政和经济创新政策有关。从公元前 266 年起，埃及基本上所有男女居民都要缴纳货币人头税。人头税是用铜币缴纳的。《税收收入法》规定所有这些款项都是以铜币支付的，其中规定了与垄断油料生产有关的一系列铜币付款。当地开展的一些基础设施方面的项目，以及公元前 260 年末至公元前 250 年初在部分地区开始的大规模土地开垦项目，也是以支付铜币工资为基础的。银币仍然是大额交易和税收的首选货币，但从此以后，日常交易主要以铜币进行。增加铜币是为了减轻银币生产的压力，还是为了增加农村的货币化，对这个问题的回答不能一概而论。但考虑到在改革铜币制度之前，古希腊银币相当少见，增加货币化可能是它的主要目标。

铜币是历代国王持续关注的问题。在铜币问世 10 年之后，似乎出现了一系列改革。当然，在尤尔盖特斯统治的最初几年，发行了新面额钱币，包括一种规格比较大的钱币，甚至比菲拉德尔福斯在公元前 266 年铸造的最大钱币还要大。在尤尔盖特斯统治的后期，他恢复了较小的钱币，要求钱币的外观标准化，并提高了它的合金含量，从而使这些钱币更耐磨损。

直到他统治结束时，我们还找不到任何证据证明银币在古希腊城邦以外的领土流通过。这是由于埃及国王无度的挥霍和帝国繁荣所依赖的贸易关系下降，造成埃及银币资源减少。还有人认为，银币和铜币使用上的脱节是由于古希腊城邦以外的领土与亚历山大首都的疏远加剧造成的外部因素，例如西方的古迦太基战争，也可能影响到埃及当地经济中可用的银金属储量。无论如何，到公元前 207 年时，除了通常的兑换费用以外，1 斯塔特银币可以兑换 16 德拉克马铜币，而之前仅仅为 4 德拉克马铜币。不久后，铜币成为一种独立货币，不再仅仅代表银币体系之下的一个小品类。因此，德拉克马铜币成为一种新的记账单位，其价值远低于 1/4 的斯塔特银币。

虽然很明显政府想通过对铜币的发行和流通来收紧控制的对象，但货币政策的目标和效果极难被后世理解。研究者甚至连基本的信息都没有，例如个别钱币的面值和应该如何把这些钱币归入现存钱币的类别中的问题。特别是托勒密二世在位期间发行的比一般金属钱币大很多的钱币的价值问题，一直是有争议的。这种钱币的价值是一个德拉克马，还是更低？此外，银与铜之间是否存在价值关系，如何确定铜币中的金属含量和面值以及大小？自 1904 年斯沃罗诺斯开展的系统性研究工作和主持项目工作以来，还没有其他人试图对现有材料进行系统分析。戴维斯恩和洛伯对考古发现的钱币储藏遗址背景进行了重要研究，对钱币在特定时刻的使用提供了新的见解。然而，学者们对托勒密二世在位期间发行的钱币体系包括面值构成等信息以及随着时间的发展而发生的变化仍然存在分歧。这些都是重要信息，对于理解铜币在实践中是如何运作的，以及改革的目的可能是什么，都至关重要。

当涉及钱币以外的证据时，一些问题就会以新的形式出现。在下一节中，我将解释铜币的发展与使用的关系。我的观点是国家为了特殊的用途付款发行钱币以进行偿付，并采用新面额。此外，我的论点是基于这样的考虑，即在一个钱币的使用尚处于初级阶段的社会中，定期付款（如税收和工资）是通过使用特定面额（比如每天支付一欧宝作为日薪）而不是通过不同面额的组合来实现支付的。

铜币的发展

作为埃及的总督，托勒密似乎已经接管了用铜币铸造小面额钱币的帝国制度。然而，在他统治的早期，他已经根据自己的视觉审美和倾向调整了钱币铸造的图案设计。亚历山大铸造的铜币正面是亚历山大的头像，上面有头戴饰品和丰饶角，背面是一只张开翅膀的鹰。重量约为 1 克、4 克和 7~10 克的钱币可能分别代表 1 查柯、2 查柯和 1/2 欧宝，就像它们在帝国制度中所代表的那样。公元前 312 年到公元前 311 年，托勒密停止定期铸造德拉克马银币，并减少了 4 德拉克马银币的标准重量。当时发行了一种新的铜币，其图案与前一种铜币相同，但背面的铭文是"托勒密"，而不是亚历山大。有人认为，正是从这个时候开始，最大的一枚钱币价值 1 欧宝，另外两个钱币分别是 4 查柯和 1 查柯。

当托勒密二世建立起帝制并最终确定托勒密银币标准的时候，即大概公元前 295 年，他同时增加了两种更大面额的铜币。新币分别为直径为 27~30 毫米、重 14~18 克的钱币以及十分罕见的直径为 32 毫米、重 20~28 克的钱币，其价值为 2 欧宝和 3 欧宝。然而，公元前 312 年前后，这些钱币通过托勒密二世改革将直径保持在 14 毫米和 21 毫米。

托勒密二世在公元前 266 年至公元前 262 年对铜币进行了激进的改革，虽然也有学者认为改革幅度并没有那么大，只是显著增加了所有面额的钱币的尺寸。现在测量的最大的一块钱币直径达到 42 毫米。戴维斯恩认为，最高和最低面额保持不变，而查柯钱币的重量提高到 3 克，在这个模型中，最大的钱币值 3 欧宝，而中间的面额为 2 个查柯、4 个查柯和 1 个欧宝。

然而，皮卡德认为这种直径 42 毫米的钱币价值是 4 欧宝的钱币，洛伯则认为这是一枚德拉克马钱币。洛伯认为德拉克马钱币是最重要的记账单位，因此一定是以钱币的形式存在的，而戴维斯恩认为记账单位很少告诉我们交易是如何进行的，因此没有理由假设铸造的就是德拉克马钱币。

关于使用铜币的一些财务考虑可能会有所帮助。由于工资很低，任何一个项目中受雇的人数都很大。100～200 名工人 40 天的工作量，是堤坝系统大量工作的平均劳动量。菲拉德尔福斯大约在公元前 260 年开始大规模货币改革，就在改革的同时他开始在法尤姆和尼罗河流域下游地区的其他地方进行大规模的开垦工作。该项目需要大量工人清除灌木沼泽、砍伐和焚烧木材、种植新作物，最重要的是，需要人工搬运泥土，以建立灌溉和耕地排水所依赖的运河系统。阿波罗尼斯庄园于公元前 259 年开始开垦，那里的工人每天平均收入为 1/2 欧宝钱币，尽管他们是定期而不是每天领薪。在一系列双语文本中，工人们承认收到了 2 德拉克马作为砍伐和焚烧森林木材的薪酬。此外，根据相关的文献记载，运送泥土的平均费用为每移走 50～75 纳比亚的泥土，要支付 1 斯塔特银币。个别工人每天可以运送的泥土在 1/4 和 3 纳比亚之间，因此每天的工作所得在 4 查柯和 $1\frac{1}{2}$ 欧宝钱币之间。同样，付款很可能是定期而不是每天进行的，然而，每隔 2～6 天支付一次薪水，每次支付 3 欧宝钱币似乎比使用德拉克马钱币支付薪水更适合这种低水准付款的制度。

私有雇佣关系的每日汇兑和工资支付所涉及的金额要小得多。不可避免的是，这种付款很少以书面形式确定，因此很大程度上没有从纸质记录中反映出来。但是 P. Col. Zen. II 94 列出了购买的蔬菜和面包，每种商品价值 1 查柯，以及领取的每日工资为 2 查柯。在瑟法塔村，扁豆垄断销售的月收入不超过 3 德拉克马。有资料记载了一名在田里工作的劳动力一天薪水为 4 查柯,还有资料记载一个赶骡子的人得到了 2 欧宝的报酬。值得我们注意的是,所有这些付款,无论是公家的还是私人的,都可以很容易地换算成戴维斯恩提到的各种面额钱币范围体系内的钱币,都可以用这种货币体系中的一些钱币代表。

菲拉德尔福斯在公元前 263 年开征"盐税"为货币体系中钱币的类别增加了一个更加有说服力的环境。"盐税"是对所有居民征收的人头税,不分男女都必须缴纳,只有少数例外。从公元前 263 年起,每年的盐税税率为男性支付 $1\frac{1}{2}$ 德拉克马,女性支付 1 德拉克马。税收本身的金额并不多,但对埃及的许多居民来说,税收是他们被纳入一个货币体系的唯一途径。此外,盐税是按照家庭征收的,因此在大多数情况下,家庭支付的是 1 德拉克马和 $1\frac{1}{2}$ 德拉克马或几倍于这个数目的金额,但大多家庭因为是一夫一妻,缴纳税款为 $2\frac{1}{2}$ 德拉克马。支付盐税的钱币通常是通过劳动赚取的,地方政府将其用于公共工程,特别是灌溉和排水管网的维护。这是一个小的货币周期,人们通过劳动得到工资收入,这个收入是政府通过从他们那里收取的税款来支付的。因此,以德拉克马和半德拉克马为单位的钱币可能代表最频繁地进出地方管理部门的货币,用于计算和支付这些款项,一枚 3 欧宝钱币是最方便使用和流通的钱币。更重要的是,开征盐税似乎提供了一个适当的时机,可以发行一种大众普遍接受的通用新钱币,用来更加精准地支付这些款项。同样值得一提的是,在通俗语言中,希腊货币采用的唯一一组词汇是 sttr 表示斯塔特银币、k. kr 表示塔兰特钱币,通俗语言中并没有德拉克马这种货币单位的对应词汇。

其后的货币发展模式较为简单,即直径为 42 毫米、重量为 72 克的钱币对应的是 3 欧宝的价值,而不是 1 德拉克马。在托勒密三世统治初期封闭的安奴贝恩钱币储藏遗址中,我们发现了大量更大的直径约为

48 毫米的钱币和更小的直径约为 38 毫米、36 毫米和 27~28 毫米的钱币。因为之前比较普遍的直径为 42 毫米的钱币在这里不见踪影，我们可以猜测但不能肯定这种钱币已经从流通领域退出，或至少已变得非常罕见。这一系列的事实表明，此时的钱币已经和以往的传统类型有很大的不同，可以说是朝新的方向发展了，钱币正面的图像开始出现标准化倾向，一般是宙斯·阿蒙戴着王冠，反面在鹰的基础上加了丰饶角。

洛伯认为，新的较重的钱币相当于以前铸造的直径为 42 毫米、重量为 72 克大小的铸币面额。我们也没有发现任何与这种说法相互矛盾的证据。因为当时钱币的重量发生了变化，但价值没有变化。只是盐税的出现再次提供了另一种视角，那就是男性和女性分别需要缴纳的金额从 $1\frac{1}{2}$ 德拉克马和 1 德拉克马，减少到公元前 254 年左右的 1 德拉克马和 3 欧宝。这一税负一直到公元前 231 年还是如此。但在公元前 243 年实行了一种新的税收标准，即男性支付 4 欧宝，女性支付 $1\frac{1}{2}$ 欧宝。男性支付的 4 欧宝赋税说明了在这一时期应当是已经出现了新面值的钱币。此外，降低税率不仅是一项财政措施，如果考虑到集团利益、钱币发行问题和财政改革之间的联系，为节日庆典而推出一种新的钱币，或者降低税率导致新的面值的钱币成为趋势则是可能的，反过来也说明了托勒密时期货币政策的复杂情况。

然而，新的盐税税率似乎并没有被埃及各地的所有行政机构同时采用。相反，我们在一些账本中看到依然采用旧税率征收的税费的记录，在这些记录彻底消失之前仍然持续了 9 年的时间。两种盐税税率的重叠使用现象目前仍未得到解释，但税费降低的全面推行做法与尤尔盖特斯统治后期的钱币改革不谋而合。在这项改革中，最小钱币的尺寸直径为 42 毫米，重量为 72 克。最重要的是，铜币整体铸造的含金量有所改变，使其具有更强的耐磨性，并更精确地按特定重量和直径确定不同的面额。这种类型的钱币第一个系列上面印有标记符号"✳"，这已经成为这类钱币的一个便捷的铸币标签。以往比较多元化和多样化的钱币风格及设计这个时候走到了尽头，取而代之的是比较方便识别的单一的设计图案。现在所有的钱币都显示宙斯·阿蒙正面戴着王冠，鹰的翅膀紧闭，另一面是田野里的丰饶角。

另外，新面额的钱币也发行了，我们从该系列其他面额的比例关系来判断，该银币的面额价值为 $1\frac{1}{2}$ 欧宝。顺便提一下，这符合女性的盐税税率，男性普遍缴纳 4 欧宝钱币，女性普遍缴纳 $1\frac{1}{2}$ 欧宝钱币。

铜币的改进和标准化与莎草纸文献记载的证据中实际支付银币的消失不谋而合，并可能与此有关。如果学者们认为尤尔盖特斯超支的假设是正确的，那么，后来的铜币改革很可能是为了试图扩大铜币产量，以减轻银币的压力。

只有钱币学的证据才能告诉我们铜币货币的根本变化，其对后世的经济和货币发展产生了严重的影响。通过更精确地按重量标准铸造铜币，银币和铜币之间的金属价值关系开始发挥作用。由于以前钱币的直径和重量几乎是相同的，仅靠图像来区分，铜币的金属价值并不重要。

在托勒密四世统治下，直径为 42 毫米、重量为 72 克的 4 欧宝钱币货币得以继续铸造，此时鹰的头转了个方向。这种钱币最常和相当于它的一半面值的钱币一起被储存起来。在他统治的后期，他又铸造了另外两种面额的钱币，根据这里显示的价值方案，这两种钱币的额定价值为 3 欧宝和 $1\frac{1}{2}$ 欧宝。尤尔盖特斯统治时期的赤洛系列钱币是迄今为止铸造得最广泛的系列铜币，包括从 1 查柯到 4 欧宝一共八种不同面额的钱币。托勒密四世斐拉佩特似乎试图用更多的德拉克马钱币来兑换斯塔特钱币，借此来调整银币和德拉克马铜币之间价值的差异。在托勒密三世之后，负责货币兑换的特定类型的钱庄在文献资料中没有被记载。这一点连同其他货币兑换实际上意味着放弃三元金属货币制度。此外，盐税可以说是发行铸造铜币的主要动机，在公元前 217 年后，这种论点没有能够继续被证实。在托勒密四世斐拉佩特的统治下，钱币进行了彻底的改革，导致大部分钱币被撤回，并进一步试图对铸成的钱币赋予更高的货币价值。

货币的解体

在托勒密四世统治之初，有明显的迹象表明存在普遍的经济抑或货币问题。由托尔蒂斯起草的一系列租赁协议显示，对小麦和青稞未履行租金须支付的罚金价格异常高。在公元前 3 世纪的大部分时间，小麦罚金经常设定为每阿塔贝 4 德拉克马，而青稞作物的罚金为每阿塔贝 2 德拉克马。相比之下，在托尔蒂斯契约中，小麦罚金为 10 德拉克马，青稞为 4 德拉克马。罚金价格不是市场价格，而是租期开始时契约规定的付款，作为未支付实物租金的处罚。罚金价格对实际价格波动可能并不十分敏感，也可以说，罚金价格显示青稞的价格翻了一番，而小麦的价格则上涨了 150%。

还有一些文献提到谷物和葡萄酒的市场价格上涨。而在公元前 3 世纪的大部分时间里，从谷场上购买的一种小麦的价格为 1~2 德拉克马，也有文献记载中为 6 德拉克马。此外，一种粮食价格在公元前 207 年的资料中被记载为每阿塔贝 $7\frac{1}{2}$ 德拉克马。公元前 218 年的资料中记载每梅特利特酒的成本是 14 德拉克马，而以前的文件里被证明的价格却只有 5 德拉克马和 8 德拉克马。

公元前 3 世纪末的物价上涨是托勒密历史上一个众所周知的事实，但人们对其中缘由提出了不同的解释。在 1951 年发表的一篇有影响的文章中，托尼·里克曼斯介绍了托勒密时期的铜币的通货膨胀，因为只有铜币的价格受到影响。但据他称，价格上涨的原因并不是真正的通货膨胀，而是铜币对银币兑换汇率的重新调整。自那时起，学者不仅讨论通货膨胀的原因，而且讨论了按时间顺序发展的原因。因为不仅在证据方面存在严重断层——公元前 220 年至公元前 204 年可靠的文献资料数据几乎没有——而且似乎在同一时间有不同的发展。一方面，罚金价格在公元前 218 年前后上涨了 100% 至 150%。也有一些证据表明，银币支付的价格开始波动，导致公元前 207 年 1 枚价值 16 德拉克马的铜币可以兑换 1 斯塔克银币。另一方面，一些价格和工资开始以不同的货币基础计算。从大约公元前 210 年开始，有证据表明工资上涨了大约 60 倍，这种发展一直延续到公元前 2 世纪，当时价格似乎有节奏地翻了两倍，从 60 倍到 120 倍，最后到了 240 倍。更令人困惑的是，有些地方似乎没有受到这些变化的影响。例如，底比斯发现的一个迪奥斯波利斯·帕瓦的税务账户显示，税务核算显示的付款水平与前一期相同，部分货币单位下降到 2 查柯。有人认为，这是因为在底比斯地区旧的货币制度延续的时间更长，比三角洲和下埃及地区的发展要缓慢得多。

在同一时期的托尔蒂斯发现的和一些其他文件中出现价格的翻倍可能只是根据铜币和银币之间的关系变化来解释的。然而，价格以 60 倍幅度上涨，必然是由于铜币和银币彼此分离而产生的更剧烈变化导致的结果。公元前 3 世纪末和公元前 2 世纪较高价格基础的查柯德拉克马是一种新的记账货币单位，不同于银本位中铜币德拉克马的价值。使用查柯德拉克马作为计算价格和付款的基础被称为"铜标准"，它与银币标准的价值无关。然而，铜币仍可兑换成白银，而且契约规定的白银付款并非罕见，例如在向国家支付的一些款项中，对违约的承包商处以罚金。在这些情况下，铜币面值仍然依据白银面值进行估值。

铜币与银币的关系变化，以及铜币标准的引入，在埃及都不是同时发生的。甚至个别国家对某些一般性问题的反应是更加多元化的和多种多样的，货币制度解体了，随之而来的其他各种不同变化同时影响到整个埃及。

里克曼斯认为，虽然在斐拉佩特统治之初就有一些经济问题的迹象，但这些迹象还不足以说明粮食价格上涨超过百分之百的原因。因此，货币体系本身必定发生了一些变化。惩罚金额相对均匀地按 2 的系数增加，这表明在危机开始时，所有铜币的名义价值只是双倍增加。这也可以用来解释在托尔蒂斯发现的文献中的罚金价格，以及后期市场价格上涨的原因。兰赛尔进一步指出，一种面粉的价格为 $7\frac{1}{2}$ 德拉克马，这个价格反映了其白银价格的铜币等价物。粮食和葡萄酒的价格可以用类似的换算方式来计算和解释。

斐拉佩特执政初期铜币名义价值的减少很符合我们对托勒密三世时期铜币价值的重新评估。然而，当时的价格似乎没有受到影响。此外，在整个公元前 3 世纪，政府对钱币的重量和价值进行了几次操纵，但没有对价格产生显著影响。为何这一次的价格会因为重新调整缴税税率而作出反应，而其在过往期间却没有表现出同样的情况呢？另一种可能的解释，也许是更好的解释是，价格的翻倍可能是因为德拉克马铜币经由官方正式认可而相对于斯塔特银币的数量也翻倍了。换言之，不再有 24 欧宝等值的铜币，而只有 48 欧宝的铜币来对应之前的斯塔特银币，这样一来，之前以银币定价计算的商品数量用铜币结算付款的话，数量上就增加了一倍。事实上，针对这种情况的反应也不同，在实践中，银币的价格已经开始波动，因地而异，也可能因交易不同而异。

随后的发展也指向同一方向。在相关文献中记载了 16 德拉克马铜币兑换了 1 斯塔特银币的账目，外加 10%的税捐。到了斐拉佩特统治末期，白银的价格迅速上涨，无论是官方的还是实际的，都变成了原来的四倍。

"旧的铜币"或"标准"的意思并不清楚，但可以确定的是银币和铜币的价值或关系随着时间的推移而变化，且需要通过当地钱庄主进行调控。政府曾试图在全国范围内对铜币和白银之间的关系进行重新调整，但都没有取得持久或普遍的成功。政府想要在公元前 218 年建立一种新的关系。到尤尔盖特斯王朝末期，铜币和银币的关系变得不稳定，从那个时候起，当地钱庄可以独立确定兑换价格。鉴于目前可见的所有的惩罚金涨价的案例都来自公元前 3 世纪同一个地方，也就是奥克西林克斯行省的一种契约文本中，而在阿斯诺伊行省发现的另一种契约文本也提供了参考，两者之间好像不能单纯以时间顺序进行排列。我们也看到，底比斯旧货币体系似乎仍然维持到了公元前 210 年，这样看来，不同货币之间的关系可能与地方政府规定和地方独特的环境有关。

采用铜币标准是另一回事。公元前 210 年之前还没有证据证明这一点，而第一个确凿的证据来自公元前 201 年。在相关文献记载中，里克曼斯引用的案例可以追溯到公元前 210 年，马雷施更仔细地追溯到公元前 200 年左右，其中列出了一个奴隶的日工资为 10 德拉克马。这比公元前 3 世纪非技术工人的标准工资 1 欧宝钱币高出 60 倍。同样，我们从 BGU VII 1512 的案例记载中看到，工作劳动者的每日工资为 10 德拉克马。O. Mich. I 7 的账目中列出的堤坝工作每天工资为 20 德拉克马，相当的工作量在前几年的日薪为 2 欧宝。从托勒密五世的早期开始，一种不同的货币单位开始大规模使用，价值相当于之前德拉克马铜币的 1/60。

银币和铜币之间的混乱关系让大家开始对这个货币体系失去信心，也给日常生活带来了不少混乱，自尤尔盖特斯的赤洛系列铸币发行开始，铜币开始被铸造成特定尺寸和重量，这可能导致按重量将银和铜币的价值联系起来的做法。在埃及，它们的传统价值比例是 1 : 60。向上追溯到拉米塞耶特时期，在托勒密时代似乎还保留着一些货币。此外，假设赤洛系列中最大的一枚钱币在实际中价值为 4 欧宝，并且进一步假设在托勒密四世时期，欧宝铜币的数量翻倍，并应用到其与斯塔特银币的兑换中，这一数量的铜币的重量实际上比托勒密斯塔特银币重量重约 60 倍。这并不是说从此根据它们的重量来使用钱币，而是说钱币的面值是依据这种货币关系确定的。换言之，公元前 3 世纪末封闭而成的铸币储藏遗址中发现的绝对数量的 72 克和 36 克的钱币品种不能再换算为 4 欧宝钱币和 2 欧宝钱币，而是用作 40 德拉克马和 20 德拉克马的钱币。碰巧的是，希腊货币体系中刚好有 60 欧宝到 10 德拉克马面值的货币，这一事实有助于钱币的兑换，较小面值的钱币可以相应地进行调整。

到托勒密四世斐拉佩特统治结束时，货币实践的这些变化还没有结束。在公元前 2 世纪初，ἀργυρίου δραχμή 一词在银币标准中可以指 1 德拉克马，但相同金额也可以用铜币单位表示，即 60 德拉克马。此外，斯塔特银币的价格进一步上升到 20 德拉克马，而不是 16 德拉克马、8 德拉克马或 4 德拉克马。这两种经常结合在一起，因此，60 查柯德拉克马被当作旧的铜币德拉克马的等价物，20 德拉克马铜币在这个时候可以等同于 1 斯塔特银币。因此，一个斯塔特的价格可以计算成 1200 德拉克马，外加 10% 的兑换税费。这就解释了在通俗婚姻契约中 "*ìn-śn*"（面纱）异乎寻常的价格变化，并使我们能够理解公元前 2 世纪希腊和通俗契约中的惩罚金的发展。可能在公元前 3 世纪末发现了这种用银等价物来计算铜币的方法的首个证据，但文献和实物证据的数量微不足道。

钱币供应和通货膨胀

总之，从公元前 3 世纪末开始，价格水平的变化可以用货币制度的变化来解释，货币制度的变化是因为古希腊城邦以外的领土中缺少银币，从而导致斯塔特银币的价格上涨。三元金属制已不能再保持其原有的形式，铜币根据其金属价值成为一种独立的货币。这也是从事银币和铜币兑换业务的钱庄消失的原因，同时也是盐税的方式后来被弃用的原因。然而，对国家的大部分付款以及私人契约中商定的一些付款继续按银币标准计算，但以铜质等价物表示，这意味着价格和付款水平反映在货币面值上呈现增加的趋势。

虽然银币的稀缺影响到整个埃及，但各地的反应却不尽相同。这或许可以解释为什么整个埃及的发展似乎并不一致。但是，缺乏一项普遍的政策本身就反映了一场政治危机，亚历山大在货币方面的权威性下降，导致货币体系出现某种程度的解体。在公元前 3 世纪末期，货币体系很可能是以皇家钱庄在当地发布的条例为基础的，这些钱庄在亚历山大的财政大臣没有给出任何明确指示的情况下运作。

卡代勒和勒·瑞德尔重新梳理了货币危机的莎草纸文献考证学和货币学证据，他们得出了截然不同的结论。与里克曼斯不同的是，他们从实际经济通货膨胀的角度解释了价格上涨的原因，他们认为，这是由于铸币过多和货物供给不足，特别是肉类食品不足造成的。卡代勒和勒·瑞德尔认为，公元前 221 年针对安提奥克斯三世的第四次叙利亚战争征募的大批军队主要是由埃及提供补给的，这给农村地区注入了前所未有的钱币货币。这支军队不仅包括希腊族的驻屯军和雇佣军，而且包括一支相当大的埃及特遣队，他们得到的军饷都是以托勒密钱币支付的。战争胜利之后，驻屯军和平民人口也得到了丰厚的捐助。与此同时，埃及的粮食储备由于战争和没有农民参战而耗尽。钱币供应过剩和农产品短缺使价格失控。

首先，有关托勒密军队规模不同寻常的数字来自波利比奥斯的著述，而其记载的数字并非不容置疑。即使这些数字可信，也没有军队的证据表明需要大量的货币。此外，关于记述中提到的给祭司和百姓的赏赐，孟斐斯神父在"拉斐亚敕令"中表现得很兴奋，因为皇室出手阔绰，非常慷慨，但这一次性的慷慨赏赐不太可能造成长期通货膨胀。同样，战争造成的农业紧张在古代社会也是一个常年存在的问题，但在这种情况下也不例外，除非埃及特遣队人数占从事农业活动的埃及人口的很大比重，根据波利比奥斯的说法，军队中有 2 万名埃及人，还不足以影响一个约有 100 万成年男性从事的农业生产的国家的正常产量。

其次，不知道给军队提供的军饷使用的货币是用什么金属铸造的。在拉斐亚敕令中，据说赏赐给军队的金额达到了 300000 克鲁索金币，从字面上理解这一数字，如果属实的话，那么这个数字意味着在埃及军队中的 75000 名士兵每人得到 4 枚金币。但托勒密四世没有铸造克鲁索金币，卡维尼的说法更加令人信服，在埃及官方文件中，克鲁索金币充当的是一种传统货币单位，指的是 1 德本或 5 斯塔特银币。因此，我们无法确定在拉斐亚敕令颁布之后支付的金属货币到底是什么构成的，所以这些付款和铜币铸币的通货膨胀之间的联系是完全虚构的，并不能成立。

最后，最重要的是结构因素，我将在下面几章中论述这些因素。埃及古希腊城邦以外领土的货币经济主要不是现金经济。在某些情况下，它是以钱币作为交换媒介的，但在许多情况下，现金付款被折算成实物，或者德拉克马只是作为无现金交易的记账单位使用。此外，信贷加速了流通；换言之，货币是集中使用的，而不是在市场上大量甚至充足地流通。未付款项的债务似乎金额很巨大，不仅仅存在于私人交易中，而且也在对公交易中大量存在。据我们所知，托勒密早期古希腊城邦以外的领土钱币的实际供应量与货币化程度有关。在这种情况下，国家暂时增加对士兵的军饷支付，不大可能在埃及大部分地区造成钱币供应过剩。据估计，公元前 3 世纪末铜币的价格开始上涨，公元前 2 世纪更是变本加厉。这很可能是由于铜币相对于银币重新估值造成的，根本原因并不是通货膨胀。

第二部分　现金和实物

导　言

　　托勒密的财富是许多文学作品关注的主题，虽然大家对历史人物有些疑问，但有趣的是，托勒密家族的现金收入被认为远远超过实物收入。托勒密二世每年国内收入的传统数字是 14800 塔兰特银币和 150 万阿塔贝小麦。粮食收入现在被认为接近 600 万阿塔贝，相当于 4000~5000 塔兰特的货币价值。如果按亚历山大每阿塔贝 4~5 德拉克马的价格出售，在古代流通的货币收入则更多。国内生产总值的构成可能看起来大不相同，但托勒密·菲拉德尔福斯的有形经济被认为以现金为主。

　　虽然不可能对现金或实物交易的相对数量进行量化评估，但我们有机会更好地了解它们之间的结构关系。在本书接下来的几章，笔者会从税款、租金和工资这三个主要范畴来研究付款问题。由于我们对支付关系的了解相对于交换关系，特别是对市场交换关系的了解更为深入，这可能为我们更普遍地理解货币流通提供了一个框架。

　　毫无疑问，实物特别是谷物，继续在正式和非正式领域用作支付手段，甚至在希腊人中间也是如此。在下面几章中，我们将看到，与粮田有关的税款、租金和工资主要是以粮食支付的，如果双方同意，其他的金额都可以折算成实物。从其他一些文件中可以清楚地看出，在市场和其他地方可以按一定的现金价格用粮食支付。然而，在泽农档案记录的一封信中，泽农的一名代理人写道，他无法购买饲料，因为村里没有人接受以粮食代替现金。同样，奥克西林克斯行省的一名官员指示他的下属必须出售筛过的小麦，以便能够按要求缴纳某些过期贷款。虽然这些例子表明可以用实物代替现金，但它们也表明粮食不是一种普遍的交换媒介，因为其可能被拒绝。

所有关于货币化的观点都必须承认，除了货币经济之外，还有一些背景特别重要，特别是在没有书面文件的偏远地区，那里实行实物交换。但一些史学家特别强调，谷物在铸币出现后仍是货币的一种形式。他们强调，希腊交易以现金为主导的证据仅代表了下埃及和法尤姆的情况，那里希腊化和货币化程度较高。他们指出，在谷物农业中，继续使用谷物来支付税款、租金和工资，从而使小租约农户的传统经济不受钱币的影响。还有人认为，在整个托勒密时期，实物贷款比现金贷款更频繁使用，这表明实物交易仍继续占主导地位。最后，大量小额汇兑可能并没有通过书面文献材料记录和保留下来，而且这些交换实际上是通过实物交易进行的。大多数关于货币化的观察，如果不是全部的话，可以认为是大规模货币化概念成立的重要支撑条件。然而，我们还有一些一般性的观点和观察结果，因此不能说除了少数移民和本地祭司之外货币经济并没有在更大范围内展开和被广泛接受。

埃及古希腊城邦以外的领土地区以谷物农业为主，但村庄、小城镇、庄园和庙宇的经济生活过去是，现在仍然是以高度分工、交换和商业活动为基础的。从征收现金税的情况来看，毫无疑问，在托勒密王朝统治下，埃及各地的城市工业都被迫使用现金进行交易。

假定传统的非货币农村经济存在于这些货币活动中心之外，前提是村庄和庙宇区的工业仍然与农村腹地隔绝。人们对在农村和小城镇周围耕种土地的当地农民的日常生活所知甚少。然而，可以说，很大一部分农民是通过生产和季节性工作进入城市生活，被吸引到庙宇和较大的农业庄园的。更有甚者，全体人民都被束缚在一个苦役制度中，在托勒密统治下，苦役被转变为一种以微薄工资为代价的义务工作。再加上普遍需要缴纳盐税和欧宝税，这表明埃及很少有居民能够完全被隔绝于现金的使用范围之外。

　　然而在一个更复杂的论点中，吉恩·宾根提出，实行自然经济的埃及农民与托勒密经济的短时间内推进的货币改革之间存在着一种极端的对立，这种对立是从钱银的角度构思和实现的，无论是在物业田产管理和市场交换方面，还是在税收方面。几个世纪以来，具有依附关系的生产者一直被束缚在一种制度中工作，在这种制度中，有人可以和他们分享作物、提供工具和种子、评估谷仓的租金，以及以生产形式缴纳税款和租金，并使他们得到某种保护，免受市场力量和埃及生态系统的特殊风险的影响。托勒密的货币经济和随之而来的思想变化对这些模式构成了严重威胁。固定租金租赁协议取代了股份种植契约；对作物征收租金和税款的制度在很大程度上不受有关各方控制的，许多租金和实物税都变成了现金支付。

　　可以确定的是铸币是新的经济制度的一部分。在埃及的一些地区，这一制度大大改变了传统的经济行为。然而，如果把铸币作为这一发展的唯一原因，就会产生误导。铸币是新的货币经济的工具，但在很大程度上没有使用铸币的领域，如谷物农业，在没有使用铸币的情况下发生了变化，受铸币的影响并不大。相反，钱币成为埃及婚姻和销售契约等相当传统的交易形式的一部分，但对这些交易没有产生显著影响。此外，移民和本地居民之间有许多合作和互动，任何文化冲突都恰恰发生在有大量接触和互动的地方。

　　此外，关于谷物在托勒密经济中的作用，还有一个持续时间更加久远的争论。普雷西格克在其至今仍有影响力的《季罗森在希腊埃及》一书中提出，在托勒密王朝统治下，现金和谷物作为完全货币共存，既履行所有的货币职能，又在同样的体制和法律框架内运作，尤其是在希腊更加明显。付款可以合并或相互转换，在债务和信贷方面也有类似的契约形式，国家粮仓和钱庄是有关储存、贷款和分配现金或粮食的类似机构。然而，普雷西格克认为这一体系是新货币经济的一部分，而不是两种相互冲突的经济传统的结果。威尔肯在他同时出版的《希腊陶片文字》一书中强调，在托勒密二世时期，金钱的重要性是压倒一切的。军队的大部分付款是现金和实物的结合，其中大部分是现金。税款以现金形式征收，而以实物征收的税款一旦逾期缴纳，即折算成现金罚金。家庭和庙宇经济也主要以现金为导向，而埃及作为一个整体因其以货币为基础的商业生活而闻名于希腊世界。在这一总体框架内，货币和实物的制度类比及其在某些付款中的可互换性是托勒密货币经济的特殊性质。

因此，使用现金或实物的重要性并不是衡量托勒密时期埃及货币化程度的明确指标。谷物支付的持续存在是经济和政治考虑的结果。鉴于粮食作为主食的作用，它是一个强大的权力工具，托勒密王朝可以用它来控制其臣民和盟友。在内部，粮食作为实物交换媒介允许人们保持大量的付款关系不变。然而，虽然不是所有埃及居民都像希腊移民和政府那样参与货币经济，但我认为，在公元前3世纪期间，即使不是所有人，大多数人都与货币有某种联系，并积极参与货币流通。

最后，货币化不是一个连续的过程。里克曼斯是第一个主张大规模恢复实物经济的人，这是从公元前3世纪末以来的政治危机的结果中总结出来的经验。特别是，贷款和实物工资的证据在公元前2世纪初大幅度增加，当时钱币制度发生了根本变化。虽然里克曼斯的证据需要根据相关研究做进一步讨论，但它仍然突出了托勒密时期货币经济的不连续性和内部的混乱，而在将托勒密时期视为一个整体的论点中，这些不连续性和混乱往往被忽略。在托勒密统治的后期，当埃及似乎恢复到更分散的权力结构时，货币体系确实可能出现了一些衰退，正如我们在前几章中看到的那样，这需要更多的中央监管和控制。然而，在托勒密统治的前几代人中，人们对国家的货币制度充满了信心。在这一时期，使用粮食作为支付手段成为货币经济的一部分。

第一章　税　收

　　乌尔里希·威尔肯的基本观点是，除了对粮田和谷物收成以及油料作物征税外，托勒密王朝统治下的所有税种都是货币税。葡萄园（具有某种资质规模）和构成特殊土地类别的果园、播种豆荚和其他可做饲料的作物的土地，以及牲畜、非农业工业、运输和服务业都要缴纳货币税。除葡萄园和果园产品税外，相关证据也证实了这一看法。即使是葡萄园和果园产品税的征收，似乎大部分征收的实物税在到达最终目的地之前就被指定的零售商变现了。威尔肯的看法也被在法尤姆的撒玛利亚税务文件中提到的一般结构模式所证实。在这方面，对粮田征收实物田产保护税，而同样的税种如果是对工业设施征收就变成了征收货币税。此外，从埃德夫、底比斯和象岛/赛伊尼城发现的通俗体文字记载的税收收据表明，就现金税而言，上埃及和下埃及之间没有明显差别。

　　然而，在实践中，这一模式也有例外。各种农产品与其他农产品有价值关系。小麦具有特殊的功能，因为它是一种一般的价值尺度，所有其他农产品的价值都与之相关。根据 P. Lond. VII 1994 文献记录的案例，在某些情况下阿波罗尼斯庄园产出的农产品也是以小麦当量入账的，其他类似例子也广泛存在。这种农产品价值的可兑换便利了交换，并在现金支付与实物支付的制度中保持了一定的灵活性。因此，我们确实发现货币税是以实物支付的，谷物税是以现金支付的。

　　此外，非正式的临时安排的余地很大，在书面记录中没有留下什么痕迹。托勒密的税收制度是以中间人制度为基础的——农民、馈赠财产的管理人、驻屯军和房客——他们不仅负责全额缴纳税款，而且负责税款以何种形式上缴财政部。例如，我们知道泽农岛对大型封地产生的所有税收负责，而对于驻屯军，税收责任可通过契约谈判确定。我们还知道，对驻屯军征收的盐税或个人所得税的支付可移交给他们的土地的租约农户。纳税成为房东和租约农户在记账程序中披露的相互安排的一部分。现金转化为实物支付以及相反方向的转化的可能性是货币税收在实践中发挥作用的一个重要条件。

中央集权制度

税收是托勒密中央集权国家及其货币政策工具所关注的中心话题。标准化的著作中一般会列出为数众多的部分以实物征收、部分以现金征收的税款，并以此为依据认为当时王国推行了中央集权经济。普瑞奥克斯的《皇家经济》一书的附录中包含不少于五个双栏的完整索引专门讨论税收和会费问题，而威尔肯在《希腊陶片文字》一书中按字母顺序讨论了古希腊罗马时期的 218 种不同的税收。

税收的具体数字本身就具有误导性，因为它将随着时间的推移而改变名称或在不同地区被赋予不同名称的税收混为一谈。这些清单还包括对特定社会群体征收的费用、税款或为特定目的征收的临时税款。举几个例子，果园里征收的税目 apomoira 有时被称为 Hektê，在底比德的书里一般也是这样，但在威尔肯和普瑞奥克斯的名单上是作为两个条目出现的；koskineutikon、katharsis、emblêthra 这三个词分别代表筛选、清洁和装货的费用，是租金和税金的附加费，但本身并不是税金。此外，账本上记录的条目往往为了节省纸张空间而在用词上比较节省，所以 tritê balaneiôn（澡堂税）通常用缩写形式 tritê（第三种）表示，也有的记录为 γ΄（第三个），但是这几种税并不是不同的税。Epigraphê 和 epibolê 在公元前 3 世纪可以是关税和/或征税的一般术语，但在公元前 3 世纪的一些地区，以及在整个公元前 2 世纪的任何地方，这两个词都是指一种特定的税收。此外，查柯钱币税或 12 查柯税看上去并不是常规的税种，而是为特殊目的而临时征收的。

更严重的是税金与租金的区分问题。在账目记录中，tritê 或 γ΄ 可以指33%的税金，也可以指在租佃分成制中占三成。有时，税和租金之间很难区分，因为人们的看法确实模棱两可。原则上，私人租约农户和官租约农户等承租人支付租金，而土地所有者则须纳税。然而，在某些情况下，土地的所有权会随着时间而改变，过去是租金的付款开始变成税收，反之亦然。这样一来，土地租金和税金之间产生了交叉，事实上，两者之间的边界似乎是开放的。但是，学者们在个别文本中并不一定能清楚地区分税金和租金，因而导致税收的金额可能无限制夸大了，这样一来也不免对税制的原则造成混乱。

并不是所有的税收都进入了亚历山大的财政部门。各个行省对庙宇和庙宇相关人员的供养捐赠、付给地方行政当局的款项，以及给当地利益集团或者为当地基础设施提供的维护费用占用了某一个税务区域征收税款的很大一部分。由于税收成本很高，税收似乎尽可能多地在当地使用，而不是在亚历山大城和其他地方之间往返运输。区域行政当局与亚历山大城之间甚至可能在税收使用方面存在某种竞争。地方官员的账目记账中经常提到一项支出为"购买粮食"，如果他们能在通常情况下从皇家粮仓得到粮食的话，其实并没有必要购买这么多的粮食。

有几项税种完全是为当地使用而设计的，而在另一些情况下，则是在扣除税款后将产品或资金运往首都。支付媒介可表明特别税的目的。铜币在公元前3世纪的大部分时间里是当地货币，通常不是长途大量运输的。用铜币征收的税款很可能是为当地使用而设计的。一些税收，如田产保护税或安保税和堤坝税，因其特殊用途所以建议在当地使用。谷物、葡萄酒和油料在当地有一些用途，但大部分谷物会被运到亚历山大。公元前3世纪的税制是一个复杂的组合，一方面是地方再分配制度，另一方面是为了国王的利益而进行剩余的开发。在以下各节中，我将区分以实物征收的税款、以实物征收但在到达国库之前转换成现金的税款和以现金征收的税款。在此基础上，我将区分税收在整个经济中的不同目的和职能，将特别强调供当地使用的货币税收的作用，以及实物税收的特殊目的。

粮食税

法尤姆及周边地区的土地被分为两个财政类别。一类是皇家土地不需纳税，只需缴纳租金；另一类是被"割让"或"释放"的土地，其中包括国王将土地租赁权割让给其他领主的所有土地或封地。这可能包括堤坝、运河和城市空间，即非生产性土地，但更重要的是，它指的应该是农田，包括属于庙宇的田产，给予军事定居者的平等份地和赏赐高级官员的封地。根据公元前2世纪太伯塔尼斯附近的凯尔基奥西里斯遗迹发现的土地登记册，52%的土地为王室土地，33%的土地为驻屯军土地，16%的土地为庙宇土地。这些数字可能不是整个埃及的典型数字，但我们没有理由不重视这些数字所代表的整个时代，并以此为向导去探究公元前3世纪王室和驻屯军势力强大的地区。除此之外，我们还发现了一定数量的土地种植葡萄和水果，但这具有不同的法律地位，因为这是可转让财产，因此属于不同的财政类别。

底比斯的土地所有制度则不同。上埃及地区各个城市都在希腊统治的托勒密王朝势力范围内，保持着较为传统的经济和政治结构。在法尤姆地区甚为熟悉的财政类土地类别可能在这里并不常见。这里大部分土地似乎仍在当地庙宇的管理之下，并由祭司控制。在公元前2世纪的底比斯叛乱被镇压后，这块土地被称为私有土地，税收不再归于当地庙宇，而是归国库所有。

为了确定每个纳税人的税率以及每个税区的税额，埃及各地每年都对土地进行一次调查。这种调查是一种古老的惯例，在托勒密统治下似乎没有什么变化。在这一年中有各种各样的调查，但总的目的是登记洪灾过后的土地面积、土地所有者的姓名、种植的作物和未耕种的土地数量。葡萄园和果园单独接受调查，表明它们构成了财政经济的不同部分。

鉴于埃及经济以谷物生产为主，关于托勒密一世至托勒密三世时期粮食收成的信息却很难获得。然而，学术观点弥补了这种信息的匮乏。普瑞奥克斯提出，皇家实物收入的很大一部分来自王室土地佃户的租金，但其他土地的税收收入仍然相当可观。其他学者认为，所谓的阿塔贝税，即按每阿罗拉1阿塔贝的谷物支付的税，是对下埃及的驻屯军、庙宇和大型封地领主所拥有的所有土地征收的常规税。

在公元前3世纪的前3/4的时间里，几乎没有对谷物地进行定期征税的证据，甚至在接下来的半个世纪里，大部分的材料都来自底比斯。底比斯和帕斯瑞斯行省公元前2世纪的税收收入票据表明，底比斯叛乱后，个人定期向当地的官方粮仓以小麦和大麦缴纳税款。帕克曼认为，这两个术语指的是同一土地税，即每阿罗拉粮田征收1阿塔贝的土地税。

　　然而，范多普既考虑了希腊的税收收入，也考虑了用通俗文字书写的税收收入收条。他发现，底比斯的铭文与法尤姆的"阿塔贝税"有很大的不同。首先，它是一种收成税，而不是土地税。其次，在公元前3世纪前2/3的时间里，它是由庙宇征收的，而不是由托勒密政府征收的。只有在托勒密四世斐拉佩特统治下，有一段时期集中征用庙宇管理下的土地之后开始征收粮食税，这些税先前是在底比斯的阿蒙神庙征收的，这部分土地被称为私有土地，但是国家先后收回了这些之前分给庙宇的土地，将土地的税收也自然收归国有。斐拉佩特在位的头几年似乎是一个过渡期。相关文献记录中有案例显示，当地的驻屯军仍然征收粮食税，并将其运到底比斯的粮仓。但是粮仓不再被指定为阿蒙神庙的粮仓，而是由法老、国王和希腊官员管理的粮仓。在帕斯瑞斯行省，负责收租的希腊行政人员出现得较晚，直到公元前168年至公元前165年狄俄尼修斯·佩托萨拉皮斯有关的叛乱之后才有相关记载。

　　在现存的法尤姆封地公元前3世纪文件中，我们至今都没有发现任何粮食作物租金或者阿塔贝税收的证据。阿塔贝税这种说法最早出自"孟斐斯敕令"，更广为人知的是公元前196年的《罗塞塔石碑》。在这个最初的记载中，托勒密五世受到赞许，因为他免除了圣土建设庙宇原本应该缴纳的阿塔比埃税。没有任何迹象表明阿塔比埃是后来才征收的税，即使这种税不是整个托勒密时期都征收，我们也有理由认为庙宇已经缴纳了一段时间的税。大约在同一时期，第一次在租赁契约中提到对庙宇土地征税。有一份庙宇用地租约中提到了应向承租人缴纳的费用，还提到了应向国王缴纳的费用。

　　相比之下，我们发现自公元前3世纪法尤姆以来现存的超过75份驻屯军的谷物土地租约中，没有任何关于缴纳谷物土地一般税的具体规定。大多数现存的公元前2世纪和公元前1世纪的通俗土地契约，以及公元前3世纪涉及粮食土地以外土地的契约都有规定。如果土地税此时是普遍性的税收，则不太可能在驻屯军契约中完全没有提到其征收的任何线索。对粮食谷物征税的三个可能的证据之一是对在 P. Sorb I 18 中记载的公元前 256 至公元前 250 年，用小麦支付的 5 阿塔贝费用。在这封信中，一个谷仓的负责人提到，分配给骑兵退伍军人的征收称为"pentartabia"，这显然不是一种税收类型，或者是一种常规税种。在公元前 2 世纪以前，这种付款没有得到证实，当时除了征收其他税外，还征收特别税。对于阿塔贝税来说，这个税率太高了。另一个参考资料是阿斯克勒庇亚斯和六个埃及农民之间的一份共同种植契约。阿斯克勒庇亚斯和承租人同意在农产品收割或者清理后收到他们的那一份。不幸的是，契约中有一处空白，无法确定农产品是否必须进行物理清洗或筛分，或是否先清偿了必须交给国王的欠款之后才能留下自己的部分。

第三项证据是一封给泽农的信，园丁阿加索斯在信中提议以每阿罗拉 10 阿塔贝小麦或 10 德拉克马的价格租用 265 阿罗拉的土地。在这些租金中，泽农可以支付 4 德拉克马的租金，留给阿加索斯 6 德拉克马。普瑞奥克斯从这封信中得出结论："皇家征税的比例……如果是明智地耕种的，则相当于土地总产量的 2/5。"但我们没有理由假定该信中两次提到的 ekphoria 是税收的一般性含义，其通称是 phoroi。我们甚至不能确定所涉土地是否是粮田，泽农本人以现金租用这片土地的事实也让人产生了怀疑。泽农于公元前 246 年至公元前 245 年离开他服务的封地领主之后，从事农业和金融活动，以租赁和转租土地与牲畜为谋生手段。PSI IV 400 记录的案例属于这一时期，似乎是处理泽农以每阿罗拉 4 德拉克马的价格租出的一个地块的转租。

由于我们对驻屯军的谷物土地管理非常了解，公元前 3 世纪对类似的土地征收一般税的证据却几乎没有，这令人费解。就庙宇土地而言，同样缺乏证据可能只是因为缺乏关于这类土地的信息。与占有和耕种驻屯军的谷物土地相关的常规税收，通常以实物支付。大约公元前 250 年的一份资料载有"关于老兵、老人的税收项目"一项，列出了四笔付款：堤坝税、农田保护税、欧宝税、盐税。

堤坝税在这里是以货币付款，而农田保护税是以谷物支付的，考虑到这个税种是对谷物粮田征收的，上面的情况似乎可以讲得通。然而，这两种税都可以折算成另一种付款方式。事实上，对于堤坝税来说，实物支付的例子比现金支付的例子要多。另外，这两种税都是依据土地调查评估而征收的，而且与土地面积成正比。我们不知道税率在多大程度上取决于土地肥沃程度、所处位置、租约类型，以及不同税区或行省的不同做法。

在一些莎草纸资料中，医师税与农田保护税和堤坝税同属一个系列，这可能是因为所有驻屯军成员都应缴纳，或者更具体地说，是在他们的土地上缴纳。可能是由于通常这种税是以实物缴纳的，因此与农田保护税一起征收。在相关的文献记录显示，这一税率略低于农田保护税。在有些文献记录中，有条款约定支付 2 阿塔贝小麦，而相应的农田保护税略高，为 $2\frac{1}{2}$ 阿塔贝小麦。医师税是按固定税率征收还是按占有份额计算比例征收尚不清楚，但对于一定规模的驻屯军土地来说，每年 2 阿塔贝小麦相当于 5 阿塔贝青稞似乎是相当常见的付款方式。

也可以像从其他经济部门征收的那样，对驻屯军的粮田征收特别的皇室税。在一系列关联文献中，这种税收与医师税和农田保护税一起以实物支付方式征收。然而，我们没有理由怀疑皇室税可以用其他形式征收。

与驻屯军土地有关的另一项税收是抄写誊录税，这无疑与资助一些抄写记录的活动有关。韦斯特曼的研究表明，这笔费用可能是要支付给祭司用来书写契约合同的。最初是一种国税，后来在公元前 3 世纪下半叶变成了支付给庙宇的款项。普瑞奥克斯认为，最初这只是驻屯军应缴的一种税，但在公元前 3 世纪末，它与土地所有权的联系更加普遍了。博加特将其描述为向军队的书记员等文职官员支付 0.59% 的税。

在相关的文献中，抄写誊录税同堤坝税和农田保护税都有提及，而且都是驻屯军占有土地租约农户需要缴纳的税种。在另一些文献中，这种税与农田保护税一起出现，作为对官方谷物账户的付款。通过对多个文献的考证，我们有足够的理由相信，这些都是税收而不是费用成本。这种税款可能是在驻屯军的土地上支付的，也可能与玉米有某种联系。不论其确切含义如何，它似乎是一种以现金或实物支付的税款。

实物货币税

《税收法》规定，应按税务表规定的税率向种植者征收实物税，每阿塔贝芝麻 2 德拉克马，每阿塔贝巴豆 1 德拉克马；不应允许催收人以现金催收款项。生产在亚历山大分销的油料是可以免除赋税的。托勒密国家垄断了油料的生产、分销和出售，但税费却分摊给了纳税款包收人，后者买下油料三个环节为期一年的经营和监督特许权，同时保证向国家缴纳相当于土地产量和效益的 125% 的收益。该封地的相关官员负责收集、控制生产和零售过程。他们提供种子并收取经营所得。收割季节到了，耕种者就公布了预估产量，上报的具体数字由特许经营的农民负责，而时间一到就立即征收税款。土地耕作者按具体税率表上的规定按照固定比率获得报酬。随后，注册油料制造商签订契约，每天从一定数量的作物中生产一定数量的油料。他们获得了生产工具，并根据生产的油料数量多少而得到现金工资。同时，负责行省财务管理的管理员代表制定了油料商人名单，并将零售许可证拍卖给出价最高的人。单位度量的油料价格是固定的，每一个村庄得到的份额和零售的数量也是固定的。销售所得的货币收入，包括作为实物税征收的那部分作物的收入，贷记入皇家钱庄的一个收入账户。虽然征收的是实物税，但整个油料垄断企业都是以现金支付耕种者、油料制造商、运输和零售的货币化企业，整个产业链过程是货币化的。在法老时代的埃及，油料生产和零售的管理一直是庙宇的主要业务之一。在托勒密统治下，它被国家垄断，并转变成货币化运作。征收实物税与试图控制整个产量和防止非法生产油料有关。这与实物经济没有任何关系。

另一种以实物形式征收的货币税是葡萄园和果园产品税。它与水果税的双重关系，加上税收法中仅涉及货币收入的处理，表明葡萄园和果园产品税原则上也是一种货币税。因为尽管它是以实物征收的，但在分发给庙宇之前，已经转换成了现金。

克莱瑞斯和范多普两位学者的研究成果让我们对税收的讨论和理解更加深入一步，但他们对这一重要事实没有任何评论。首先，他们强调葡萄园和果园产品税是一种收成税，而不是一种土地税。其次，葡萄园和果园产品税虽然以前被称为赫克特果园果实税，但它在《税收法》之前就存在了。这个名字在埃及继续使用，在全国各地的通俗文本记载中都有提及。赫克特税是否早于托勒密时期就已经存在还不确定，尽管这很可能是因为希腊人倾向于对土地征税而不是对生产的产品征税。最后，克莱瑞斯和范多普的研究已经表明，葡萄园和果园产品税并没有全部付给国家进而被转给阿斯诺伊的利益集团。庙宇土地的耕种者继续向占有土地的庙宇纳税。此外，只有从驻屯军分得的成块土地和皇家封地葡萄园征收的葡萄园和果园产品税与阿斯诺伊有联系，而付给庙宇的葡萄园和果园产品税则继续直接用于个人目的。这与另一项观察的结论相吻合，即在公元前 263 年税制改革之前，只有附属于庙宇的葡萄园和果园才需要向庙宇缴纳赫克特果园果实税。没有附属于庙宇的其他类别的土地不受赫克特税的管辖，但在改革之后，必须向王室阿斯诺伊缴纳类似的果园税。换言之，托勒密统治下的国家没有直接从庙宇征收税款，而是要求以前没有向庙宇缴纳赫克特税的那几类土地向阿斯诺伊交税。

　　克莱瑞斯和范多普的最后观察说明了菲拉德尔福斯税制改革的非常具体的方向。众所周知，就葡萄园和果园产品税而言，对一定范围内的土地仅征收 1/10 的税率。这种税率特权适用于自己种植葡萄园的现役士兵的财产；适用于在底比斯人工灌溉地区的葡萄园；也适用于西马里斯托斯税区。根据克莱瑞斯和范多普的说法，税收特权的原因似乎是这些葡萄园一般是新近才开垦的。驻屯军占有土地的情况已证明这一点；但是对于人工灌溉的底比斯葡萄园来说，这是不言而喻的，因为它们都是新开垦的土地。西马里斯托斯的葡萄园也是如此，西马里斯托斯是新开垦的奥克斯林奇特行省的金融区域。因此，税收优惠是对经济主动性的承认，而不是对某些人的特权优惠。在此背景下，《税收法》的规定并不代表财政对庙宇税收领域的干预，而是一种平衡的、有益于经济发展的政策举措。只有在整个葡萄园和果园产品税在国家监督下进行收缴的情况下，这些庙宇才会受到影响。后者是赫克特税原则上成为在赋税耕作制度内征收的货币税的直接后果。

　　然而，尽管对证据进行了重新调查，大多数学者仍然认为在公元前

3 世纪葡萄园和果园产品税是一种以实物征收的税。《税收法》规定，每梅特利特重量的葡萄酒以固定价格计算得出的金额为基数来缴纳葡萄园果实税。此外，作为税收实物征收的葡萄酒的全部价值似乎都是以货币计算的，正如退还运输成本的计算比例是以货物缴纳税款的现金价值确定的一样。《税收法》还载有关于销售某些"多余"或"过剩"葡萄酒的条款。这种酒一经售出，所得收入就记入纳税款包收人账户，作为其缴纳税款总额的一部分。

公元前 3 世纪的其他几份莎草纸的史料文献表明，葡萄园和果园产品税的最终账目是一份货币账目，包括果园和葡萄园的货币收入以及出售多余或过剩的葡萄酒的额外收入。相关资料表明，葡萄园和果园产品税的销售与油料销售一样，是有一定的销售组织渠道的，但有一个重要区别：葡萄酒的生产不受控制，其零售也不是国家垄断的。销售的收入记在税款包收人自己的账上，农户则需要保证能够提供一笔保底的销售收入，相关的盈余销售收入也记入该货币账户。

到托勒密五世时期，葡萄园和果园产品税已成为以现金征收的税款，这一点无可争议。然而，有人认为，在前两个朝代中，有一个过渡期，在此期间葡萄园和果园产品税是以现金或实物征收的。一些纳税人决定采取另一种行动，将他们的葡萄园和果园产品税葡萄酒作为从税务所借来的贷款，并订立正式的贷款契约，承诺在一周内以固定价格偿还现金。

过渡期的论点首先是基于相关的账本记录，阿斯诺伊行省泼曼梅里斯的税务账户中记录着，葡萄园和果园产品税的分期付款以实物形式列出，后面跟着的是现金支付记录。在一个账本中，我们发现一些数量的葡萄酒后面标记着姓名，其中一些是官员，这些数量的葡萄酒的金额是从现金总额中扣除的。另一个账本中的税收收入以葡萄酒的重量单位入账，但在葡萄酒以固定价格出售后，全部转换为现金入账。还有一本账簿末尾，有一份指定在托勒麦斯分发给士兵和在村庄使用的实物货物清单，这两张纸上的记录被认为是在"过渡时期"接受实物和货币双重方式支付的证据。然而，在另一些文献中，我们没有发现任何证据，能够证明当时的税收付款没有被转换成现金支付，除了那些留给士兵和村庄的商品之外。葡萄酒以实物形式征收上来，依照与特许零售商签订的契约，葡萄酒以税目表规定的价格销售，并将一定数量的葡萄酒以实物形式分发给特定人群。我们看到了一个登记注册目录，根据注册申报目录，我们可以看到通过果园税收征收上来的实物税葡萄酒被分配到各行省。这不仅符合一些文献上关于托勒密士兵纳税的规定，而且也使我们想起为油产品税所做的类似规定，油料农产品分配计划与播种时间表有关。从相关文献中我们可知葡萄园和果园产品税是一种货币税，尽管在公元前3世纪，葡萄酒是从种植者那里以实物形式征收的。

那么，为什么对油料作物和葡萄酒产品征收实物税呢？威尔肯认为，葡萄园和果园产品税是以实物形式收缴的，因为葡萄酒比水果可以存放更长久的时间。然而，储存时间长并不是葡萄酒的唯一特征，或许也不是最显著的特征。首先，我们可以观察到油料植物和藤本植物在古代都是最重要的经济作物。这两个品种都是高风险和护理密集型作物，但有良好的市场。如果生产质量好，利润就高。然而，令人惊讶的是，国家和政府似乎很少重视酒和油的销售利润。在相关资料中，所有葡萄园和果园产品税中葡萄酒的销售价格都是一样的，虽然《税收法》中关于adaeratio（折算成现金）的规定将埃及全国所有葡萄园和果园产品税中葡萄酒的每单位价格固定了下来，但底比斯除外。就油料而言，我们知道国家关心的是在各行省之间适当分配产品，即它确定了每个行省要运输和销售的每月产量的配额。通过接管庙宇垄断权，国家成为其收入的受益者，但也负责其在不同行省中的分配。我们不应期望这一责任背后有一个福利国家的支撑，但由于埃及国家的稳定取决于其养活子民的能力，因此这些措施与权力政治有关。

在葡萄酒管理方面，政府似乎有意留一些葡萄酒供自己自由支配和享用。葡萄酒是希腊移民最重要的饮料，在托勒密统治时期，法尤姆地区尤为明显，葡萄的种植达到了前所未有的规模。政府促进葡萄种植的主要动机之一是，葡萄酒受到希腊移民的喜爱，军队的给养非常需要葡萄酒的供应。亚历山大也有相当大的葡萄酒需求，这似乎是为了政府的利益，能够作出实物分发给他们的行政和军事机构。除此之外，国家关心的是稳定的现金收入，而就油料和葡萄酒而言，现金收入是相当可观的。

现金税收收入

果园和葡萄园的拥有者与耕种者不仅为产量支付葡萄园和果园产品税及其他小额货币费用，而且需缴纳土地税。从公元前 3 世纪账簿记录和公元前 2 世纪的陶片记载中，我们很清楚地了解到一种特殊类型的藤蔓植物和花园土地税，这是一种按每阿罗拉土地定期以现金支付的税，有时与堤坝税和农田保护税一起支付，葡萄园和果园也要缴纳花园土地税。一些账簿不仅记录了土地产量的数字，而且记录了土地的面积，这证实葡萄园既要缴纳收成税，也要缴纳土地税。藤蔓植物和花园土地税似乎因土地质量而异：在一些资料中，每阿罗拉需要缴纳 3 德拉克马，而在另一些文献中，因为土地是废弃荒地新开垦出来的耕地，则只需要缴纳每阿罗拉 5 欧宝银币的税。有账簿记载，托勒密的霍尔莫和亚历山大的奈索这两个地方的葡萄园所要支付的堤坝税也是现金税款。另外的文献记载了两种税种，即土地现金税和堤坝税，后者往往是前者的 1/6 或 1/10。在公元前 2 世纪的时候，土地现金税常常与葡萄园和果园产品税一起支付，到这个时候也是以现金支付。

除前几节讨论的经济活动外，所有经济活动原则上都要缴纳货币税。下埃及和底比斯地区似乎都是如此，那里有不同种类的税，但征税方式是相同的。牲畜、鱼类和蜜蜂的养殖与放牧、饲料作物、水果、啤酒、莎草纸、即食食品和食盐以及非农业贸易，特别是纺织品的生产和销售，以及土地、住房和其他不动产的交易，都以现金形式征税。许多税收似乎是从托勒密之前的时期继承下来的；其他的，如沐浴税或盐税，都是托勒密式的创新。人们普遍认为，大量的小额税款，而不是一种特定的税款，构成了纳税人的缴税负担和国家的税收收入。因此，全面和有效地征收税款是扩大国家规模的一个重要条件。为了理解货币税收制度及其货币形式的重要性，我们需要转向托勒密早期埃及税制组织的一些原则。

　　埃及的税收一方面以土地登记为基础，另一方面以税收普查为基础。税收普查时逐村进行，然后在下一个较高的行政级别，即税区进行汇总，之后转交给国家统计部门。因此，最小的行政单位是村庄；几个村庄组成了一个税区；几个税区组成一个城邦。城邦是地方分权的行政区划，但阿斯诺伊行省城邦的范围特别大，被划分为三个次级区域，税区和地方次级行政区具有一定的地理上的黏合度和凝聚力，但首先是由一定人口数量来界定的。一个税区通常由 2000 名成年人组成，一个城邦有五个这样的税区，即大约有 10000 名成年人。在最低行政级别上，每一户的户主都列在名单上，之后是他的妻子的名字和其他住在同一屋檐下的亲属的姓名和年龄。其他附属名单包括家庭奴隶、护工、动物饲养员及家畜等。更上一个层级的记录只列出了每个村庄的成年人人数和属于特殊税种的人数，以及每一税种缴纳的盐税总额，没有一个标准的税务登记表，人口普查似乎不像罗马时期那样定期进行。

　　按家庭分列的税务登记与评估和征收食盐税和欧宝税密切相关，前者对所有成年人征收，后者只对男子征收。就货币化而言，这是最重要的税种，因为它们把每个人都吸引到货币经济中来。盐税于公元前 263 年开始实行，男性税率为 $1\frac{1}{2}$ 德拉克马，女性为 1 德拉克马，在之后的一个世纪中分别降至 4 欧宝银币和 $1\frac{1}{2}$ 欧宝银币。在公元前 217 年以后，这一点不再得到证实。按 1 欧宝计算的欧宝税额似乎在公元前 243 年之后不久就又一次降低了。一些特权团体，特别是希腊语教师、教练、艺术家和体育胜利者，被免除了盐税。

　　驻屯军有专门的名单，在公元前 3 世纪中期，他们没有和其他成年人一起登记，可能是因为他们交的税不同。此外，还有按职业分类的登记，其模式与家庭登记的模式大致相同。职业或地位类别标题（如漂布工、酿酒商、油料商人等）后面是其代理人姓名，以及属于该职业的男性按家庭分布的名单。P. Sorb. inv. 331 中有一个不太完整的村级登记簿，里面列举出了大约 35 种不同的职业，使我们了解了法尤姆小村庄的分工情况。

　　税务登记簿不仅为农民、税务员和税务官员提供了必要的信息，而且也构成了报税的法律依据。职业税登记簿是对生产、消费、销售和服务征税的依据，而户籍登记簿则提供了盐税和欧宝税的必要资料。然而，职业登记簿很可能包括一些没有直接从事这些职业的酿酒工、漂布工或澡堂工人等。汤普森指出，特权税种吸引了更广泛的特权阶层的成员。同样，按职业类型登记可能代表与职业群体的附属关系，但是不一定是积极从事这些工作的那些人。税收的评估和征收是根据职业类型来进行的，而不是像经济产出那样以不太方便计量的数量来进行的，因此征税是一个完全依赖于具体社会结构的过程。

　　如果我们从实践的角度来看，按职业登记记录执行税制的这一行政手段的好处就变得特别明显。在 P. Köln VII 315 的记录中，这些文献的写作者通知其收信人，可能是其当地代理人，告诉这个代理人接到指示后，需要准备缴纳一些税，因为这些税是为卡诺普斯神庙指定征收的。因此，其应该按照职业类型把这部分税收缴上来，并把税收收入交给与其他联系的人。

　　啤酒税、钠盐税、沐浴税等是最常被证实的税收。但人们都不能完全理解税收的性质。最大的问题是在应纳税产品的生产、分配或消费的哪个阶段征税。例如，学者们想知道啤酒税是对啤酒的生产还是销售征收的税，沐浴税是对管理还是使用澡堂征收的税，钠盐税是对钠盐的销售商征收的税还是向大量使用钠的洗衣工和漂布工征收的税。有人提出一种假设，那个时期可能对所有通过拍卖出售的零售商品征收销售税。

　　如果我们将这些税项与职业登记簿的组成联系起来，许多不确定因素就消失了。由于我们不知道各职业的成员需要缴纳什么特殊的个人税，所以按职业记录的税单必须是用来征收交易税的，如营业税、啤酒税、漂布工税等。按照古龙莎草纸的建议，税收是按职业记录登记处编制的一份应税人员名单进行，而不是对生意或者商业地产征税。啤酒税通常由啤酒零售商来支付，钠盐税由洗衣工和漂布工支付，沐浴税由浴池主支付，而不是由他们的组织或机构支付。我们可以更进一步提出看法，1/4 的税是从注册为面包师、养蜂人的职业人群中收取的税款，而不是根据实际经营或销售产品的情况收取的税款。这样分析下来，交易销售税是由那些购买了某种食品销售权的交易者来缴纳的，并按购买许可证的规定按照购买价格的固定比率来进行商品销售和纳税。我们仍然缺乏关于个别商品交易规模的个体申报的证据，但从目前所掌握的情况来看，埃及工作人口按其职业登记的税务登记册似乎是对生产、运输、销售和消费征收货币税的基础。

所有的货币税都转嫁给了税款包收人。托勒密王朝原则上采用希腊制度，根据这一制度，个人通过拍卖购买得到一个税额，在希腊城市也是这样征收税款。实际税金总额超过或低于购买价的任何金额，计入税款包收人的损益。然而，托勒密使这一制度适应了新的货币经济和埃及社会环境的特殊问题。第一，税款包收人不是自己收税，而是保证了税收收入。实际上，通过"投标"，他们为一定数额的资金提供了担保，这些资金在纳税年度结束时转入行省行政长官的账户。除此之外，还必须提供担保人，担保人要发挥相应的作用，至少在税额高于预期的情况下，可以提供抵押贷款。税务官员负责收税，不过税款包收人有权监督这一过程并检查账目。因此，该制度确保国家以货币形式收到可预测的税额。第二，税收征管过程是以税务登记为基础的，这使管理部门和税款包收人都能了解税款总额。虽然在希腊制度中，实际税额不确定，但埃及的税额可以根据定期编制的税务登记簿来衡量。投标人必须抓住机会，尽可能接近预估税额，甚至超过预估税额。如果税款包收人履行了契约，他们也能够得到与收入成比例的工资或奖金。

征税的官方责任与私人实现目标的主动性相结合的原因是对收税人员和官员、税款包收人进行检查。宾根还认为，《税收法》是为了税款包收人的利益而制定的，因为他们最重要的利益是对失职官员的控制。税款包收人通常是希腊企业家，他们利用纳税人提供现金税的困难，对收税人施加压力，并提供高息纳税的手段。

汤普森给出了不同的解释，他不太强调税款包收人的利润动机，而更多地强调托勒密王朝在接管税制时面临的战略问题。根据汤普森的说法，税款包收人可以是希腊人也可以是埃及人，但最重要的是，他们对被征税的贸易了如指掌。

税收减让是确保税额的一种方式。税款包收人可能具有生意人的一面，经营和承包某种生产行业，在法尤姆封地经常可以看到希腊人冒着风险签下契约。鉴于埃及各地有大量小规模的经济活动以现金征税，在收税过程中协助国家的是与职业团体有关系的小型税款包收人。

希腊赋税耕作制度的另外一个改良版本很可能是适应埃及社会经济条件的最佳方式。在托勒密时期，庙宇曾是酿造业、制油业和亚麻制品业等主要企业的经营场所，但在托勒密时期，这些行业都被国家作为垄断行业接管。在托勒密时期，大庄园和墓地区域也有其他生产性工作包含在内。

在德尔麦迪那，一个在拉米塞耶特时期与德班墓地相连的村庄，工人们要么常住于该村，要么来这里从事日常工作。他们得到原料和实物报酬，这使他们有机会自行开展额外的业务。德尔麦迪那所提供的那些声望很高的职位是世袭的，促进了社会关系和职业关系之间日益增长的相互依存关系。

基于家庭记录税务登记簿的税款包收制度中重新出现的是专业群体之间的社会凝聚力。职业税务登记册的编制方式与职业户籍登记册相似，从现有的例子来看，生意仍然主要掌握在家庭手中。在这方面，税款包收人作为了解生意运作及其经营的社会网络的人的作用，似乎是托勒密货币税制有效运作的一个重要先决条件。

结　论

尽管谷物农业是迄今为止参与人数最多的经济部门，但在公元前 3 世纪的大部分时间里，国王征收的税款似乎是有限的。对于王室土地，农民付了租金，没有证据表明对于驻屯军的土地需要缴纳一般的土地税，而在底比斯的收成税里，税款和租金是支付给阿蒙神庙而不是国家的。在公元前 3 世纪末，这一制度在几个方面发生了变化，但在此之前，只有中埃及、下埃及的庙宇土地可能由国王征收一般的土地税。与土地的持有和耕种有关的税收有所增加，但这些税收中农田保护税和堤坝税有一个特殊的目的，而且更有可能被留在该地区的财政中，而不是被送到亚历山大国库去。

我们不能肯定，如果把征收税款和租金加在一起，是否超过了托勒密的粮食收入。

这当然证明了高额的行政费用以及投入大量精力用于铸币与货币化是合理的。一些货币税仍留在这些地区，以铜币收税。盐税作为一种调动货币并在某种程度上约束所有居民进入货币体系的机制，其作用需要特别强调。为此目的进行的人口普查是政府的一项主要工作。对埃及人来说，记录人数和职业并不新鲜。从新王国到赛耶特和波斯时期，都有类似托勒密的人口普查，但这些普查是对现有劳动力的调查。从被视为劳动者到被视为缴纳货币税的人，这一变化肯定是相当大的。亚历山大君主政体，取代了劳动者对土地的附属关系，并建立了以劳动力为中心的新型关系，也标志着从分散的再分配关系向以铸币为基础并以铸币为象征的中央集权的过渡。盐税的首要作用是为灌溉系统的区域工程提供资金，正是在这种劳资关系中，纳税人才能赚回他们作为税款支付的钱。税收的货币形式强调了与君主制和国家凝聚力的联系。有些人通过土地主和雇主缴纳税款，也会获得金钱和财政方面的好处。在征收盐税之后，埃及的居民再也不能完全无视托勒密王朝货币经济的存在了。

第二章　铜和银

托勒密二世大范围推广了铜质钱币，不仅提供了银币之外的一小部分补充，而且提供了一种可以独立流通的货币。在前三位托勒密国王时期，铜币与法定的银币之间的价值比率与对持牌钱庄货币兑换的控制有关。在实际生活中，每购买一个斯塔特银币就收取一定兑换率的费用。在相关资料中，斯塔特银币的价值不是 24 欧宝，而是 25、$25\frac{1}{2}$、26 或 $26\frac{1}{2}$ 欧宝，具体金额取决于皇家钱庄确定的兑换费率。在私人交易中，铜币是可以流通的，但通常是收取额外费用的，因为铜币在当地社区之外的价值仅和银币有关。原则上，向国家支付的所有款项都是以银币支付的，而国家支付的款项以及人与人之间的工资或交换都可以以这两种货币支付。货币之间可能存在某种社会地理上的区分，因为与亚历山大的联系，一些希腊机构，特别是军队鼓励使用银币。贵金属和银币的不同图像反映了这一划分，前者与托勒密王朝和个别国王的联系更为紧密，而铜币的图像则更多地依赖于神话和王朝对王权正当性的辩护。在油料税的征收过程中，铜币和银币的地理划分变得不容置疑。这一行业有国家垄断规定，在古希腊城邦以外的领土地区的城镇和村庄，油料必须以铜币计价出售，而在亚历山大则没有此项具体规定。

古希腊城邦以外的领土地区的大部分而不是全部的货币税是以银币计价收取的，尽管事实上大部分仍是以铜币支付的。行政语言中有几种用铜币或银币支付的表达方式，取决于包税制下的税收是用一种货币还是用另一种货币执行的。如果一项税款严格地说是用银币支付的，那么仍然可以用铜币支付，但要受到兑换率的约束。在这种情况下，付款被称为使用铜币对银币付款或按兑换率折合为铜币付款；相比之下，如果用铜币支付税款，则用银币的铜币等值金额来表示。不幸的是，现有资料不能清楚地说明应付税款到期时采取何种类型以及如何支付税款，也就是说，没有说明一笔款项是用折算了兑换费率之后的铜币金额支付的，还是并没有包含兑换费率，从而使其相当于使用银币支付的。

铜币和银币支付的税款

1925 年，米尔恩第一次系统地分析了与税收有关的问题。博加特更新了资料，但并没有涉及米尔恩的结论，未对材料进行区分。米尔恩调查了钱庄庄主们在一段时间内向税款包收人开具的所有公元前 2 世纪至公元前 1 世纪的税收单，这些人向皇家钱庄分期付款缴纳了他们购买的税款征收数额。税收单的正文证明纳税主体已缴付税款或使用费，而较高的数字则加在末尾或放在保证金中，有时由钱庄庄主签字。米尔恩认为，较高的数字表示缴纳税款加上额外费用，特别是用铜币而不是银币缴纳税款时。这似乎是埃及某些地区钱庄庄主在一定时期内的一种特殊记账方式。在大多数情况下，额外费用处于核心付款额20%以内的范围内，而在另一些情况下低于10%。此外，有些收据明确指出付款是铜币替代以银币计价的。在此基础上，我们可以对纳税结构及其与货币的关系形成一些看法。

另外，我们在一些果园税相关付款的收据中发现用铜币支付银定价税金的情况。大家都知道，这种果园税是比斯果园的果实税的另一个名字。这种税也出现在对卖鱼的商人所收税款的收据上，还包括牧草税、交易税、钠盐税，以及尼罗河航行税和货运税。对于这些税收种类，我们发现的收据中清一色出现的情况是第二次记录的金额高于第一次，一般高出20%左右，这里面没有发现一例是第二项记录金额低于第一项的情况。反过来，我们发现葡萄酒运输税和葡萄园土地现金税是第二种类型的记录，在第二条目下的金额要少于第一条，而且附有说明需要一视同仁使用铜币进行付款。另外还有一种情况，就是第二条目记录的金额要高于第一条，但是没有明确的声明要求税金到期时需要用什么形式支付。这种类型的税目包括澡堂税、土地和田产交易税、手工制品商业税、鸽舍税、染工税和鞋匠税。第二条目记录金额较低的税种一般和葡萄园果实税有关联，还有葡萄园土地税、啤酒税、织布匠税以及亚麻制品税。

我们发现银币税收项目是普遍存在的，这并不令人惊讶。然而，根据这一证据，与国家垄断商业（如酿酒厂和亚麻布生产）以及葡萄园种植及果园产品税相关的税收是以铜币征收的。货币的区分在公元前2世纪是不合时宜的，因为自尤尔盖特斯统治后期以来，在古希腊城邦以外的领土地区几乎没有用银币支付过任何款项。在实践中，这仅仅意味着分期付款缴纳的税款实际上比征收的类似税款高出约10%。然而，这种不合时宜的做法更能反映出早期的倾向，当时纳税人仍然可以选择用银币或是铜币缴税。因此，我们可以把这一证据与公元前3世纪的信息进行比较。

《税收法》规定，包括油料的征税、生产和分配在内的油品税应收铜币，由包税征收人负责征收。无独有偶，规定中还有条款规定所有油

料都应以铜币付款方式出售。此外，皇家税务表为每个农民确定的支付
配额是用铜币计算的。啤酒税也出现在相关的资料中，这表明可以用铜
币等价物进行征收和支付。公元前 3 世纪用铜币征收盐税。实际上，我
们能够了解到公元前 3 世纪付款税率的变化，正是凭借这些，账目中的
数字没有因为附加费用而被篡改。

然而，葡萄园和果园产品税带来了一个问题。米尔恩材料中第二条
目入账金额变低表明这是在公元前 2 世纪征收的。与此相反，《税收
法》规定葡萄园和果园产品税是一个银币倾向的赋税种类。公元前 3 世
纪和公元前 2 世纪初也有一些文献明确指出，支付葡萄园和果园产品税
的款项是倾向于银币的。华莱士认为，在公元前 208 年，奥克西林克斯
存在两种葡萄园和果园产品税，一种是以银币支付，另一种是以铜币
支付。

葡萄园和果园产品税付款的第一个现存证据显然是铜币付款的收
据。有人认为，这说明铜币付款当时在埃及是全境实行的。但这与
P. Petr. III 57（220）的担保契约内容相抵触。因为其中为葡萄园和果
园产品担保的款项约定是按铜币价格标准计价但用银币付款（b，II），
并从来自阿斯诺伊行省的 P. Köln V 221 col. i（190）的税款包收人账户
支付。根据米尔恩的证据，从底比斯收到的纳税收据上明确标明为银币
付款方式，这也与此相矛盾。

凯密欧发现在这份文献中，支付葡萄园和果园产品税的款项首先列
在按兑换率付款名下，然后以一定比率换算成等价货币付款，增加了大
约 11.5% 的兑换费用。在 P. Köln V 221 中的情况也是如此，其中葡萄
酒的数量首先以每梅特利特 400 德拉克马的价格换算成现金，然后再一
次性地按照支付兑换费率的方式转化为等价货币支付。根据凯密欧的说
法，转换价格为原价基础上再加约 10.5% 的费率，但是这根据录入内容
的不同而不同。

凯密欧的结论是，铜币支付代扣代缴的账户不再有标准的兑换率；
同时，代扣代缴不再被认为是支付给钱庄的费用，而是税收的一部分。

这就解释了为什么第二条目的金额会更低，还有一些付款凭证上面

明确地标记用等价货币进行付款的方式。有关资料说明，在托勒密时期，税款包收人有责任将兑换率连同运输费一起支付给王室。钱庄庄主现在可以选择要么承认收到了一笔银币支付的税款加上额外费用，要么承认收到了以铜币支付的实际款项。

对地方行政当局来说，铜币征税既是一种便利，也是纳税人和农民的一种特权。当地的钱庄和亚历山大的财政官员从银币倾向的税收中获利。很可能这些税款和付款最初是以铜币征收的，这些税收原本是设想应该留在封地来解决本地财政问题的，因为在地方货币体系中，其银币的关系并没有那么重要。

各行省给当地工人的工资通常是用铜币支付的，税款可以直接用收税时使用的货币来支付。拿盐税来说，有明确的证据表明，在没有中间货币的情况下，税款可以直接用来支付筑堤工程的开销。而像油产品税同样是以铜币来征收的，耕种者和油料生产者的工资也是用铜币支付的，很可能是从税收收益中直接提取的。这种税收包括啤酒税、亚麻制品税、织布匠税等，还有可能包括其他国家垄断的行业的税收，以铜币来征收税款其实是一种特权，通过这种方式给国家承包商一点特殊地位，以鼓励他们为了国王以更有效率的方式进行这些商品的营销活动。到了公元前 3 世纪末，铜币和银币付款之间的区别已成为一个原则性问题，而不是简单的取舍问题，因为在古希腊城邦以外的领土地区没有使用银币付款的习惯。有些税目规定是以银币征收的，而税款包收人在各地收缴税款的时候收上来的是铜币，他们必须把铜币加上兑换费率换成国库需要的银币，这是他们对皇家财政部门承担的责任的一部分，而对于皇家钱庄庄主的利润来说，这部分税收已经不能作出任何贡献了。

第三章 租 金

复杂的货币税收制度的背景是庞大的谷物经济，原则上不使用钱币运作。与税收制度相类似，各类粮田的租金要经过评估，并通常以实物支付。作为正常的结果，至少到公元前 3 世纪中叶，除了定期的货币津贴和战役后不定期的货币奖励外，士兵们还可以得到一块土地作为报酬。这与古雅典的情况大相径庭，雅典的租金和军饷是以现金支付的。这也与罗马的情况形成鲜明对比，罗马的雇佣和租赁契约要求以现金支付租金。

托勒密时期埃及货币经济的局限性和实物租金的重要性与中世纪晚期欧洲商业革命的模式相比，就变得特别明显。工资和实物租金是由于公元前3世纪欧洲货币数量的增加而货币化的。这一倡议通常是由地主提出的，但只有在先出现了农民出售农产品的市场之后，这种转变才可能实现。在市场条件较差的地区，租金货币化的尝试失败了，地主就算不情愿也不得不以实物形式收回租金。地主主动要求收取货币租金，这是对货币采取全新态度的一个重要表现。土地成为资金的来源，再投资于建造磨坊、烤炉和酿酒碾压机，以获得将产生的货币收入。不仅皇族和市民参与其中，大量的小地主也考虑到金钱回报而进行了小规模的投资。他们也开始雇用职业经理人和结算师来最大限度地利用手中的货币资源。由于大量农民手中有闲钱，因此可以更大规模地征收货币税。

托勒密时代埃及的情况与此截然不同。关于租金是以现金还是以实物支付的问题，市场似乎认为无关紧要。阿波罗尼斯的封地有大量的销售粮食的机会，但粮田的大部分租金仍然是以实物形式收取的。此外，有人认为，即使在罗马时期，房租的支付方式通常也不是地主和租约农户之间谈判的问题，而是由国家政治决定的一个结构因素。在整个古希腊罗马统治时期，没有人试图将粮田的租金转化为以现金支付。到了公元前3世纪的时候，粮田的租金仍然是以小麦来进行估算的。另外，以实物形式实物征收租金似乎并不是仅仅由国家改造这一制度的能力有限所决定的。其他传统农业活动，如畜牧业、果树种植或饲料作物行业，也成功地货币化了。

影响实物收租政策的因素主要有三个。首先，亚历山大像古代世界的任何其他都城一样，对小麦、大麦和类似的谷物有着极其巨大的需求。城市中心的粮食供应是古代政府主要关切的问题。像亚历山大这样的大城市在正常的年份由内陆其他地区对其进行粮食供应能够得到保障也是很不容易的，如果说保障供给是常态那么还不如说是异乎寻常的。其次，埃及没有贵金属资源，而小麦交易有利可图，可以比较方便地用来换取现金。令人遗憾的是，我们对国王的谷物出口以及封闭的货币制度知之甚少，而国王的粮食出口对获得银币肯定是至关重要的。可以说，埃及在公元前2世纪经济衰退的一个主要原因是托勒密王朝的影响力下降，失去了通往西方和东方的可行贸易路线。谷物提供了一种收入，国王自己可以比农民在古希腊城邦以外的领土地区更安全地把它换成现金。最后，在法尤姆及其周边地区之外，既不存在成功地把实物租金货币化的经济条件，也不存在成功地把实物租金货币化的社会条件。

鉴于农业的极端重要性和粮食配给的实物支付，在较大的城市中心以外的地方销售粮食的机会肯定是有限的。此外，鉴于托勒密王朝在公元前3世纪似乎没有改变底比斯的特殊封地地位，其对在那里收取租金的形式没有施加多少控制。用大麦做啤酒、做面包，都是典型的埃及人的日常习惯，而对于希腊人来说，他们更喜欢的是酿造葡萄酒和以小麦为主食。实物租金不仅属于传统的土地保有制度，而且与特定的消费模式有关。

然而，谷物土地和农业劳动的开发确实发生了重大变化。第一，托勒密王朝引进了多种新作物，尤其是硬粒小麦，以满足消费和出口需求。这种小麦取代了原来用于制作面包的原料作物，成为表示实物支付的官方谷物记账标准。小麦与青稞和大麦的关系是按固定比率计算的，其他货物的转化率也是如此。第二，产量评估是法老和托勒密时期埃及租金提取过程的一个重要组成部分，评估并不发生在收割现场，而是在收割前就认定农作物的产量。这种做法将收割期间的任何损失风险，包括盗窃风险，从地主转移到耕作者身上。这是古希腊世界其他地方的一种希腊习俗，但在托勒密之前的埃及并不常见。在托勒密王朝的埃及，首先是在葡萄、水果和蔬菜产量的货币评估方面进行的。对作物产量的评估采用了与传统谷物农业经济中的经济作物有关的策略。第三，公元前3世纪现存的希腊土地租约大多是固定租金的租赁契约。这既适用于驻屯军的土地，也适用于王室的领地。

相比之下，以前的标准做法是分成租佃制契约。在分成制的种植协议中，契约双方都获得部分收益。在塞耶特的文件中，地主获得的收益一般占到总产量的三成，另外剩下的是留给租约农户的部分，但是也有一些证据证明有不同类型的分成标准同时存在。在托勒密时期，有关这些股份的证据很少。甚至这一时期的平民契约通常也是固定租金契约。在所有其他农田分成租赁安排的例子中，地主和租约农户可以按比例分享的产量只占租金总额的一小部分。

采用固定租金租赁协议的背景与将产量评估从禾场转移到收割前作物的背景相同。在固定租金协议中，租约农户同意在知道总产量之前支付固定数额的作物。这给租约农户带来了更大的压力，因为固定租金没有考虑到诸如洪水、作物病害、瘟疫、作物歉收或盗窃等产量因素的年度变化。从经济角度看，分成农田租赁种植效率较低，因为这种方式不鼓励最大限度的精细劳动和最密集的种植。

但从社会角度看，这种机制似乎更公平，强调互惠互利。

地主可为租约农户提供一切风险担保，但在某些情况下，特别是在预付土地租金的情况下，租约农户有权加上一个条件，即议定的正常履行租约的前提条件是尼罗河泛滥的严重情况没有比一般年份恶劣太多。租约农户在特殊情况下可以请求减租，但我们不知道他们是在什么情况下才会让步。因此，托勒密王朝引进了一定程度的革新，旨在提高粮食产量，使农户更好地精细种植农产品，提高所生产的粮食的市场性。然而，在埃及的社会背景下，这意味着对耕种者的压力增加，他们失去了对一系列可能造成损失的因素的保障权利。这里必须指出，契约创新延伸到继续以实物形式运作的谷物经济。至少在某种程度上，埃及的契约也采用了这些标准，它们显示出整个经济体系被货币经济所采用的战略改变的程度。

弹性契约

希腊粮田契约的租金通常以硬粒小麦为标准进行评估和支付。然而，转换成另一种等价作物以及现金是可能的。例如，在相关的案例记载中，一个祭司住宅的租金全部用小麦支付，尽管根据田间种植的作物，其中一部分是用芝麻和青菜等其他作物支付的。在 P. Lille I 20（王室土地收入的一个账户）中，租金用小麦和扁豆支付，但总租金用小麦等价物计算，例如种子、玉米的付款和需要扣除的粮食作物清洗与筛选的费用。

具体操作采用的还是比较传统的兑换率。一些莎草纸的记载表明，小麦与青稞之间的价值关系通常是 5：2，大麦与玉米田之间的价值关系是 3：2，小麦与豆荚之间的价值关系是 5：3，小麦与芝麻之间的价值关系是 1：3。在将小麦换成现金方面，似乎有一个标准兑换率，即为司法目的而采用并由皇家法令确定的每阿塔贝小麦 2 德拉克马。不过，其他费率可在私人契约中通过谈判确定。

希腊的租赁契约是灵活的，因此，为租金水平确定的讨价还价提供了一定的空间。一份资料对租赁契约中谈判的一系列问题提供了一些见解。谈判最频繁的问题包括：谁提供玉米种子，谁提供整理土地的劳力，谁将租金运往储存所，以及谁来整理和筛分玉米。另一个重要的考虑因素是耕种土地的作物。对于大多数类型的土地来说，播种时间表是统一规定的，但考虑到所种植的作物，肯定会影响小麦的租金水平。太伯塔尼斯文件系列中的一些契约允许自由选择种植的作物，甚至允许种植皇家垄断的芝麻，但其他契约更明确地规定了种植什么作物这一问题。不幸的是，我们缺乏一系列数据。目前，我们能够看到租金是如何受到太伯塔尼斯契约所述因素的影响，但是，这些因素之外还有哪些影响因素我们不得而知。

王室领地的租金也各不相同，租约农户通常承担运输、清洁和筛分的费用。虽然在不同时期和不同的人之间，契约的条款有很大的不同，但法尤姆地区的谷物耕种下的王室土地在公元前 3 世纪的租金应该是可以比较的。相关材料表明，官地租金水平与私人土地的平均租金水平相当，而且还表明，租金水平的变化还取决于其他一些因素，而这些因素在当时是不允许通过自由谈判来确定的。谢尔顿认为，每年重新调整租金的依据是当年洪水的实际情况。托西斯的私人租约中的一个条款证实，洪水影响了每阿罗拉的租金水平。该契约规定，如果经正式测量后地块面积变大，租金将增加。笔者发现，每块土地的租金水平是根据洪水情况调整的。因此，有几个因素影响到固定租金租赁协议中的租金水平：额外支出被包括或排除在租金之外的程度、种植土地的作物、被淹没土地的面积与其预先评估的面积相比的大小，以及土壤质量或产量因素。

租约农户可以，也确实以现金支付租金，特别是当租金作为贷款预付给地主时。租金迟付时总是付现金，并采用皇家土地敕令表规定的官方兑换率。缔约方还可以选择以不同的作物支付租金，在这种情况下，小麦因为自身的功能成为普遍价值标准。

货币和混合租金

粮田的租金主要以实物评估，葡萄园的租金主要以现金评估。相关资料对葡萄园的货币租金和粮田的粮食租金进行了明确区分，除极少数特殊情况外，葡萄园的租赁证据和现有的一个税区的收据都证实了这一点。

葡萄园的租金水平比粮田的租金水平变化要大得多。首先，葡萄园需要几年的时间才能建设好。根据 20 世纪初的农业手册来看，葡萄园开发的开支大约是前三年收益的四倍。第三年生产少量作物，第四年略有利润。葡萄树到第五年或第六年才结果实。托勒密王朝考虑到葡萄园的发展，通过长期税收优惠奖励个人的积极性，并在头两年不对葡萄园征税。在下一个课税期，课税的基础是前两年的平均产量，而完全种植的葡萄园则按三年的平均税率征税。研究表明，葡萄园的租金可能会有很大的差异，不仅取决于葡萄园的开发年限，而且取决于葡萄园的质量和开发的效率。在这里，我们认为，比起粮田租金确定的问题，葡萄园的租金更需要签约方之间有高度的灵活性和谈判机会。

与其他作物一起播种的土地的租金以及牲畜的租金在支付方式上呈现出一种不那么均衡的格局。实物租金与现金租金一样多，或者两者兼而有之。我们的许多信息与泽农档案有关，一方面代表着一种高度货币化的背景，另一方面涉及对自然产品有很高需求的家庭，这些家庭养活他们的工作人员或花费在公益和馈赠上的资金很多。现金租金与实物租金的结合与其说是维持和保留传统模式的一个迹象，不如说是有效利用资源的一种选择。

一定金额会从租金中会扣除。在租期内，牧羊人向庄园的成员和各类人员分发牛奶、奶酪、皮革和小山羊，还支付照看新生小羊的工人的工资。

山羊羊群的租金为庄园提供了一定的现金收入，以及奶酪、牛奶、供消费的小山羊和礼物。牧羊人通过把农产品的消费和销售来谋生。其中一些产品是以实物支付的，其货币价值从应付现金租金中扣除。实物租金所占比例相对较高的原因是消费、节日和祭祀需要山羊和奶制品的机会较多。

结 论

这样就可以建立一种与税收模式大体一致的模式。首先，谷物农业部门的实物租金持续存在；其次，葡萄和水果种植部门已全部货币化；最后，各种农业活动的部门比较单一，普遍采用现金和实物相结合的形式，这取决于重新分配和消费所需的农产品的程度。

不过，必须强调的是，租金制度与税制相比，更具弹性。实物租金可以用小麦、现金或与田间作物等价的小麦支付。同样，货币租金也可以实物支付，特别是逾期未付的租金。

一些学者认为，在公元前 3 世纪出现了从实物支付到现金支付的转变。士兵们得到的报酬中货币越来越多而不是土地，小块封地的赏赐则变成了货币财富而不是土地财产。这种趋势不是通过支付租金来证实的，这再次表明，现金和实物之间的平衡并不是货币化程度的指标，而是一种鼓励普遍使用钱币的手段，对特别类型的产品会有更多倾斜的政策，尤其是粮食。

第四章 工 资

在埃及托勒密王朝，工资要么全部以现金支付，要么以现金和实物相结合的方式支付，最常见的是以谷物支付，但也有以油料支付的，在某些情况下还可以葡萄酒支付，还有些情况下，以现金支付额外的年度服装津贴。现金薪金或工资被称为 misthoi，或更典型地称为 opsônia。opsônion 一词可能带有从 opsôn（食品）衍生而来的意思和含义，因此保持了作为维持生活的物资酬劳的某种含义。但是，由于这种工资通常与实物付款分开，所以更常见的是作为现金付款。opsônia 和 misthoi 的使用根据工作的性质、产品的质量和完成一件工作的规定时间的不同而有所不同。由于市场因素，工资水平似乎没有太大变化。直到公元前 3 世纪末货币改革之前，类似同工同酬的薪金标准才算初步建立起来。

在法尤姆，一种典型的报酬形式包括现金工资和实物补贴。在此，我需要特别指出，尽管有现金和实物的结合，但粮食付款并不是一种货币形式。粮食配给既不因工作而异，也不足以用于进一步的交换。它们的目的更多的是养活领取者及其家庭成员，按照社会经济中的某种约定俗成，为家里的女主人、客人和依赖于自己家庭的其他劳动者提供口粮。

季节性农业劳动也是一个例外，因为这种劳动的报酬是完全以实物支付的，从以契约形式向农业租约农户提供的实物劳力贷款就可以看出这一点。此外，我还要指出，在谷物农业的背景之外，托勒密劳工力量组织的特殊性质为工资分配领域注入了现金，并迫使大量人口使用现金。建筑和堤坝工程等项目涉及大量工人凿石头和运土，这些项目由契约雇工中间人负责，他们的契约规定以现金预付工人的报酬。这种劳动契约类似于托勒密的垄断契约，托勒密的垄断契约以生产油料、啤酒和亚麻布而闻名，在托勒密契约中，承包商也是中间人，必须以现金支付许可证费用，从而使垄断产品的生产和分销货币化。

相比之下，无偿奴隶劳动在生产劳动中起着从属的作用。托勒密王朝还继承了一种苦役制度，主要用于正规的堤坝工作，他们将其改为强制服役，除了在服役期间维持生存的补给外，还支付少量现金酬劳。在为现金工资创造的普遍有利条件中，托勒密对货币化的坚持变得尤为明显。

有偿劳动和无偿劳动

在希腊人到来之前，奴役制在埃及并不常见，甚至在托勒密统治下，奴隶制主要局限于家庭、娼妓和乳母这几类。此外，在大庄园和商业管理层级也有一些特权奴隶的职位。但是，在大多数公元前 3 世纪的纳税申报中可以看出，每个家庭申报的奴隶不超过一个。此外，法尤姆名单上的希腊家庭申报的奴隶数字明显多于埃及家庭。

对于大型农业地产和富裕家庭能够提供的工作岗位，泽农档案提供了大部分证据。在这个材料中，对奴隶的常见称呼——doulos、andrapodon 和 oiketês 并没有怎么出现。但是 pais（男孩、儿童）、paidiskê（女孩）和 paidarion（孩子们）这些词经常出现，这些可能是男性、女性和幼年奴隶的法律术语。在托勒密时期的税务文件中，soma 是应纳税人的总称。在泽农档案中，这个词偶尔用来指奴隶，但在更多的情况下并不是奴隶的意思。许多奴隶来自叙利亚，因此产生了另一个术语 suroi，这可作为奴隶称呼的参考。泽农档案中的一些文件涉及从托勒密行省输入奴隶，而埃塞俄比亚至少从托勒密二世开始就是埃及奴隶的另一个来源。这一贸易的规模无法评估。

尽管一些人处于奴隶地位，但他们在埃及似乎是工资或现金付款的接受者。此外，这个账户和另一个账户与之前一个账户中明确提及的向奴隶支付的款项密切相关。肖勒指出，工人的法律地位在薪酬方面并不重要。奴隶和与他们一起工作的自由劳工一样获得粮食津贴，他们有权处理金钱，因此可以将他们的津贴转换成现金。

当我们看第二组领取工资的奴隶时，这一点就变得特别明显。泽农档案记录的几个人是从事泽农业务的代理人，但被称为奴隶。利姆纳约斯、索索斯和萨蒂洛斯是三个为泽农工作并处理相当大金额的著名代理人，经手了相当大的几笔款项。在相关资料里，利姆纳约斯在早年的生活相关记述文件中被称为"奴隶"，控制着 3000 德拉克马的预算资金，并从中支付各种款项。他曾经收到索索斯的 1200 德拉克马，在其他文件中可以看出，索索斯涉及许多商业事务，包括以泽农的名义借贷。萨蒂洛斯向工人支付工资，并在其他几个文件中开展金融业务。毫不奇怪，这些代理人中有两个肯定是奴隶身份，他们在津贴账户方面的待遇与其他的自由工人相同。这并不是说奴隶通常会得到和自由工人一样的报酬，但毫无疑问，他们在货币交易的两个方向上都是占有一席之地并起到作用的。

与此完全不同的是，付给奴隶的钱实际上是付给主人的租金。这种租金被称为 apophorai，在罗马时期的文件中经常出现，涉及乳母和教师的工资，但在托勒密时期很少明确提及。有关文件记录表明，这一制度在泽农莎草纸时期就已存在。在这份文件中，面包师菲隆有每月 10 德拉克马的债务记录在册，这笔钱是用来支付他使用的两个女奴的租金，算作对泽农的债务。泽农获得了这些奴隶租金的 1/3，可能是因为菲隆没有及时偿还从他那里借来的与购买奴隶有关的贷款。因此，这些奴隶不是严格意义上的雇佣奴隶，而是被当作共有财产对待的。弗朗哥的研究证明了泽农的一些私人雇员也为阿波罗尼斯工作，并为其他人工作。

自由工人的多重就业是有可能的，而且经常发生。对于奴隶来说，他们必须像自由的工人一样，为奴隶主阿波罗尼斯工作。上面提到的竖琴女郎可能是阿波罗尼斯家里的一名雇员，尽管她从财产上来说从属于别人。肖勒曾经提到，没有考虑奴隶是作为雇工还是作为租赁财产为他人工作这个问题。但这个问题引出了一个更普遍的问题，即支付给某人的工资款是否实际上属于第三方。

赛德尔触及佣金这个概念带来了一系列其他问题。他列举了几个案例，在这些案例中，人们包括奴隶代表他们的雇主或主人行事，接受和转移金钱、支付租金、归还贷款和购买东西等。这些人或者使用他们雇主或主人的钱，或者用他们从别人那里得到的钱来买东西。在一些账户中，这被标记为用于特定目的的钱，或者像泽农的代理人那样按照约定的条款处理金钱。然而，到目前为止，没有证据表明地位较低的奴隶领取工作报酬是为了把报酬交给他们的主人，也没有证据表明以他们的名义记入账户的报酬实际上是支付给他们的主人的。佩斯特曼在研究和分析中明确认为不可能存在这种情形。

无论如何，奴隶并没有提供大量的无报酬劳动。大多数奴隶劳力是在大家族中从事非生产性的工作，维持家庭内部日常事务和为主人提供娱乐，也有一些人从事代理人的职务并照顾家族生意，成为钱银往来的经办人，或者是扮演那些需要主人特别信任的商业代理人、出纳员和巡游代理人的特殊角色。

农业劳动中使用的奴隶要么是从别人那里雇用的，要么是需要付给他们工资的，条件可能与雇用自由工人相同。

在公有制经济中，苦役本可以提供另一种无报酬的劳动。所谓的强制服役首先出现在正常的堤坝工程中，但也出现在制砖和采石业这种重体力劳动中。一般来说，托勒密强制性劳动还包括士兵的驻防和对他们牲畜的饲养等工作，但是这方面的强制劳役并不在本书的讨论范围之内。驻屯军需要支付数量不多的免除劳役税金，这可以使他们免除个人劳役的义务。庙宇工作人员似乎也要承担强制的劳动，尽管也有文件能够证明他们也会用税金代替强制劳动。

然而，在托勒密时期，苦役一般被转化为有偿劳动。工人被分配到不同的工地做强制性筑堤工作，从事不同的工种。

不幸的是，我们对托勒密王朝统治下的强制劳动制度知之甚少。看起来好像几种不同的工人可以组织起来做同样的工作。

在符合条件的工人总数中，某些群体被排除在外。该账户列出了那些免予服役的人的名单，包括担任工地警卫的、老年人和体弱者、索姆菲斯的圣猫埋葬者、木乃伊的看守者、在其他方面享有特权的公职人员、曾在帕斯瑞斯行省服役的人、现役海军战队士兵、希腊纳税者、逃亡者和去世的人，共计282人，剩下798人可以服役。那一年要运走的土方数量已经确定了，不仅包括运河和堤坝上的工程所产生的土方，还包括环绕着军事财政大臣宅邸的安全大坝所需的土方运输。在计算劳力和土方之后，仍有10300瑙比亚的土方未能分配到劳工来运输，尽管其中4130瑙比亚将由领薪农民完成运输，只不过这些农民只能在完成农田里的农活儿之后才能到工地上提供运输服务。其余土方的运输可能是由免费劳动完成的。

强制服务与其他工作职责相结合是被召集来务工者面临的一个重大

问题。在领薪农民的例子里，人们试图去解决这个问题。与泽农签有契约的陶工塞姆休斯曾询问他是否可以延长与泽农的契约期限，因为他被征召从事其他工作。虽然没有明确说明他是被征用的，但如果请假的理由是义务服役，似乎对他施加的压力和书面形式的要求是有道理的。此外，省文件记录，葡萄园所有人因被征召服役而无力缴纳地块的税款。在这里，文件提到了强制服役，说明了服务可能产生的后果。例如，在一个案例，有农奴抱怨被征召去烧制砖头，但其不是真正的砖瓦工人。这一例子表明招聘熟练农奴可能很困难。托勒密王朝统治下的劳役制度是一种传统上为当地社区提供无偿服务的征兵制度。埃及托勒密的货币管理制度将苦役工人纳入一个体系和范畴中。这是埃及古希腊城邦以外的领土地区增加资金使用和流通的一个重要步骤，非常值得注意。

津 贴

opsônia 是一种货币工资，而津贴是每天或每月以面包或面粉的形式支付的谷物配给量。与货币工资形成鲜明对比的是，津贴因领取者的身份而异，但不因完成的工作类型而异。此外，支付的数额足以维持个人及其家人的生活，但不是用于进一步购买和支付的价值储存。这与托勒密统治前的埃及形成了鲜明的对比，当时的粮食配给因工种不同而有不同的标准，而且富人的粮食配给也足以用于进一步的交易。

每天或每月的粮食配给，具体取决于领取补贴的人就业的地点是在家庭内部还是家庭之外。每月定量配给以面粉的形式发放，每天 1~2 个查尼克的配给，或每月 $1 \sim 1\frac{1}{2}$ 阿塔贝的面粉配给。这是泽农档案中记录的而且有事实可循的通常标准计量。现代学者估计，一个成年男性的年口粮数量为 10 阿塔贝，从比较数据来看，这可以说很慷慨了。然而，如果我们以此为线索和指引，按照每月较高的津贴配给物估算，这大约足够维持两个人的基本生活口粮。如果一个工人除了自己之外没有别人要养活，那么用这些钱换取其他商品可能就足够生活了。但已婚夫妇和小家庭是公元前 3 世纪迄今为止我们可以有证据证明的最典型的家庭类型。鉴于一年中大部分时间通过农业和津贴都可获得面粉，古希腊城邦以外的领土地区的少量加工谷物在市场上用于交换的季节性很强。因此，津贴不太可能作为进一步付款的工资收入而存在。

客人、出门在外的人和阿波罗尼斯庄园的管理人员都收到了津贴，可以立即享用。谷物的质量因人而异，但是在数量上相差不大，分发的标准根据是领取人的社会地位。精制面粉是分发给客人、管理人员的，阿波罗尼斯和他的随行人员分到的是优质面粉。而分给普通工人的是一种比较粗糙的全麦面粉。一种小麦和大麦的混合面粉似乎并不是很受欢迎，因而分给了地位较低的工人。大麦只提供给地位低下的奴隶劳工和牲畜。再有，能生产出 2 阿塔贝全麦面粉的未碾磨的谷物，制成精制面粉只能得到 1 阿塔贝。不同类型面粉相同的配给量具有不同的谷物含量，因此具有不同的营养价值。由此可见，谷物似乎不能等同于货币工资，而是作为工人的口粮食物津贴。

阿波罗尼斯庄园的津贴记录近年来受到了一定的关注。里克曼斯认为有两种制度，一种是在公元前 247 年之前实行的，另一种是在公元前 247 年之后实行的。在公元前 247 年之前，每月的粮食支付率为成年男子 $1\frac{1}{2}$ 阿塔贝。随后，庄园改用了一种新的制度，根据这一制度，成年男性每天只能得到 $1\frac{1}{2}$ 查尼克面包，而每月的粮食津贴量则非常少。

奥列厄进一步阐述了这一论点，认为泽农在公元前 246 年至公元前 245 年离开庄园前不久开始在自己家中实行每日供给制度，在那之后也坚持实施。通过确定泽农在自己家里保存的工资单，他认为自己找到了一种方法，可以将有关泽农个人事务的文件与阿波罗尼斯的文件区分开来。与此相反，弗朗哥证明，两种制度之间的区别并没有得到证据的证实。在对每月和每日收款人的概况分析中，弗朗哥表明，每日账户包含一个明确界定的发放范围，也可以说是一个工资单，而每月付款支付的对象比较难以归于一类，也就是同质性较差，如石匠、代理商、耕种者、修理工等。此外，每日账户主要处理的津贴发放对象为仆役或者奴隶身份的帮佣，这些人似乎没有受雇于庄园从事生产性活动。在这些账户中，个人收款人被指定为"马夫"或"看门人"，这表明日常账户与家庭工作人员以及在家庭环境中为泽农和阿波罗尼斯工作的其他人有关。那些在家庭内部从事各种家事杂役的人员每天领取津贴。

虽然津贴是家庭工作人员日常生活的一部分，但在家庭以外的劳动契约中关于津贴的条款是可以谈判的。我们手中有一份关于泽农掌管的木船上船员津贴发放的清单，记载了两种发放的办法：每月向每名船员支付 $7\frac{1}{2}$ 德拉克马，或将每月的工资分成 6 德拉克马加 $1\frac{1}{2}$ 阿塔贝的谷物发放。船长应得到更高的工资，但津贴却和普通船员一样。这样做对双方都有利。这里 1 阿塔贝面粉被算为 1 德拉克马，比 1 阿塔贝谷物 2 德拉克马的常规价格要低。另外，这个价格仍然高于该庄园内部交易中的最低价格。

许多现存的劳动契约根本没有提到津贴，津贴要么由单独的协议管理，要么有时根本得不到。在有大量谷物储存的大庄园和公共劳资关系中，津贴可能是长期和临时工薪酬计划的一个常规部分，可能有些情况下甚至接近于标准做法。因为发放津贴的老板和领取津贴的雇工都认为这是符合逻辑的一项策略，与从市场上购买谷物津贴相比，可能从就近的谷仓运输更加节省成本。

油料、红酒和衣料

在某些情况下，劳动者除了得到货币工资之外，还可以得到油料、布料和葡萄酒等额外收入，甚至以其替代了工资收入。然而，韦斯特曼在这一点上固执己见，认为工资通常应该是以下这四种类型：自然谷物、油、货币支付和布料津贴。这个分类未免有武断之嫌。

我们在前面提过，在家庭范围以外的工作地点所支付的津贴是一个可谈判的部分，而不是工资的标准部分。油料用于照明、食用或药用。油料津贴出现在一系列莎草纸中，但在大多数情况下，可以被视为例外而不是正常情况。

布料津贴只付给某些人。在泽农档案文献记录中，这是每年付给长期雇员的一笔款项。领受人申请和办事员记账都是以现金表示的。

拨给官员、工人或长期雇员的红酒通常是用来抵销工资的货币支出，而不是在工资以外另加上的福利。我们见到几个领到葡萄酒的案例。但在所有这些例子中都明确指出，他们收到的葡萄酒是支付给他们的工资或者是替代工资的实物。我们在上文还看到，皇家官员可以用葡萄园和果园产品税中的葡萄酒实物税支付工资。

契约签订的一方还可以协商约定以其他实物付款的条款。

劳力的组织机制与钱币经济

埃及有几种有偿劳动的方式。人们可以按日、按月或按年承包工作，或者约定在规定的时间内完成某一项目或生产出一定数量的产品。在一种情况下，付款取决于工期的完成，而在另一种情况下，付款则取决于项目能否在规定的时间内顺利完成。后者可以称为"工作"，而不是"服务"，这是罗马法所做的区分，但并不完全符合托勒密的惯例。

此外，人们可以直接雇用工人，也可以雇用一名主要承包商，由其将工作分包给雇用工人。这类劳动契约在某些方面类似于租赁契约，因为承包商受托管理一些必须按商定条件归还的财产。此外，正如在租赁契约中的约定一样，业主放弃对其财产的控制，并在契约签订期间工作。租赁契约和劳动服务契约的概念确实有可能重叠，这一点可能特别重要，因为这两种契约中的劳工组织机制具有可比性。劳动服务契约中的雇主定期提供工作原材料和支付额外劳力的资金，有时出借工具，就像地主出租土地一样，为季节性劳力提供现金贷款，有时出借农具。在我们的研究背景下，最重要的是，这一特殊的劳工组织，因为财政实力较强的一方提供预付款或贷款，成为托勒密时期埃及劳资关系货币化的一个重要先决条件，并刺激了货币的流通。

阿波罗尼斯庄园的土地被区分为直接由农业工资劳动力进行耕种的土地和包租给租约农户耕种的土地。季节性的工作，或开垦荒地的开荒工作，都是有报酬的，要么直接给雇工，要么通过支付给受雇农民并作为他们工资的一部分。

如果土地被出租，承租人就获得了季节性工作的无息贷款。账目和收据证实了这一区别，因为同样的农业劳动要么直接以工人报酬的方式支付，要么以租约农户的贷款形式得到。同样，一些非农业的工作在封地直接出租给承租人或包租给一个中间人。

皇室办事机构所提供的劳动服务契约是可以在古希腊城邦以外的领土进行竞价拍卖的。在封地，契约也可以部分转让，但不确定是否以与公共工程相同的方式进行招标。

至少预付首期货款是正常的。这就解释了契约中明文规定对雇员行动的限制，而在另外一些契约中并没有这样的禁止条款，甚至还明文同意人员流动。未能完成该项目或未归还工具或资金的人员可被处以监禁。托勒密劳动制度的强制性往往解释了在契约期内限制流动和监禁违约承包人的原因。事实上，托勒密劳动制度被视为这一模式的一个主要组成部分。但这实际上涉及一种契约，其中不仅规定了任务的条件，而且商定了预付工资。因此，这些可以被认定为在债务关系中减少风险的战略。一些有关灌溉系统、石料切割、制砖、建筑工程、木工、陶器、油漆、地毯制作、运输和各种非技术性农业的工作，如清除和烧毁灌木丛、种植和修剪，经常在文件的契约中得到证实。

托勒密的垄断行业一般也都是劳动服务契约模式。承包商同意在额外劳工的帮助下，在一定时间内以固定价格生产固定数量的产品。原材料和工具必须事先提供。有资料记载，亚麻布纺织工人提议在固定的时间内在一定数量的助手的帮助下生产固定数量的布。他们要求以现金支付布料清洗和运输费用、工人工资和一名主管的费用。垄断行业的行政部门，或者是代表管理部门的代理人泽农本人负责提供原材料，并预付工资，同时在规定的时间内以商定的价格购买现成产品。垄断的经济效应是明显的。其在固定时间内以固定价格向国家提供固定数量的产品，然后在国家控制下零售或分销。其动机既不是利润最大化，也不是成本最小化，而是确保最有效的生产，确保分销并提高可预测的现金收入。

用技术术语来说，在埃及托勒密，雇佣的交易成本一方面与雇佣和控制工人有关；另一方面与现金、原材料、工具、动物和交通工具的供应有关。从投诉和公共控制集中在某些方面这一事实来看，雇主面临的主要问题是工期没结束就被迫中止工作、罢工和劳动力短缺。中间人契约保证在规定的时间内完成工作，并保证有一定数量的工人，这种制度是将劳工征聘、不良工作行为和罢工问题转嫁给承包商的一种做法。因为契约压力，租约农户等直接签约者倾向于采用一种比雇用工人来劳动更直接、更有效率的方式执行任务。由于契约压力，承包商往往比直接雇用的工人能更有效地执行任务。相反，现金贷款、工具和设备贷款以及预付款都减少了承包商需要垫付的费用。由于贷款或预付款项已经支付，地主和承包商分担了一定的风险。这使劳动服务协议成为一种可行的契约形式，尽管对承包商的压力越来越大。除了以上分析的各种因素之外，这种安排给工资的发放提供了现金支持，因为在一个契约关系中，只有财务状况比较好的一方才能够拿得出现金来。我将在下文再深入讨论这个问题。

由于中间商增加了额外费用，劳动租赁契约与租赁契约一样，与直接雇用工人相比是一种更为昂贵的生产形式。这种生产形式还将对成本和资本的直接控制移交给主要承包商或承租人，可能导致疏忽和收入损失。直接工资契约最大的好处之一是雇主能立即控制成本、工作流程和材料的保管。因此，直接契约在家庭内部的工作安排、对家畜的饲养和照看以及所有非生产性企业中普遍存在，例如在私人和公共部门从事抄写与管理工作就属于这个范畴。在政府中，所有官员、皇家钱庄庄主、粮仓管理员、警卫和警察都是直接受雇的。然而，需要我们注意的是，与其他垄断企业一样，持牌钱庄是根据劳力租赁契约组建的。

虽然直接劳力租赁契约在行政、管理和家庭方面占主导地位，但在任何类型的生产活动中，特别是在涉及大量工人群体的情况下，劳力租赁契约都是首选。但这两种形式的劳动契约的适用领域并不是非此即彼或者完全不重叠的关系。我们注意到，除了租约外，阿波罗尼斯庄园的一定数量的土地是由领薪农民耕种的。其他生产劳动也是根据这两种契约进行的。常用的办法是直接劳务契约，后一种办法是租约签约方支付租金的租赁契约或雇佣劳力契约。

因此，在许多情况下，契约的形式是需要通过谈判确定的。在农业部门，混合形式的剥削是一种平衡风险、成本和相对利润的战略。直接雇用工人和农民使地主在对风险和利润进行讨价还价的同时，对成本和资本有了更大的控制。在租赁或雇佣劳力的契约中，成本和利润是固定的，是相当有保障的，而风险和照料责任则转移到承包商身上。

在大型农业单位中，完全集中化并不能最大限度地控制成本和资本，而从长远来看，承担所有风险和利润可能是致命的。在气候、经济和社会因素不可预测的情况下，直接劳动契约和普遍租赁的结合提供了合理的利润和风险管理平衡。向中间人提供贷款或预付款的制度，即使不是有意为之，实际上也为在古希腊城邦以外的领土地区的劳动人口中钱币和货币的流通创造了有利条件。

结　论

在一个人口众多、高度城市化和劳动力分布广的国家，工资为货币的流通提供了重要动力。在谷物农业部门之外，所有劳资关系原则上似乎都是以现金支付为基础的。几个机构促进了工资支付领域的货币化：第一，将现金工资引入公共服务制度，在托勒密王朝统治下，这一制度转变为有偿劳动的招聘计划；第二，托勒密垄断企业的货币化，要求承包商以现金形式付款从国王那里购买收入特权；第三，预付款契约和租赁契约制度，其中承包商收到预付款或现金贷款，以支付分包劳工的工资。

津贴和其他种类的实物报酬是用面包与啤酒支付工人工资的习惯做法的延续。这些实物仅用于消费目的，可被视为一种行为制度的一部分，在这种制度中，也向家庭的女主人、客人和节日庆典服务员提供面包。这些分发并不因所完成工作的种类和质量而异。埃及的希腊人继续向工人和雇员支付面包作为其工资的一部分，这一事实同他们废除了古埃及典型的面包和啤酒的双重支付一样值得注意。除为了满足个人的需要，个人为了得到啤酒、油和面料，需要先把手头的实物转换为货币，再用货币到市场上去换取垄断经营的啤酒、油和亚麻。

第三部分　债务和贷款

导　言

信贷所起到的作用一直是古代经济学者争论不休的一个重要问题。放款人和借款人是谁？哪种交易得到信贷的支持？放款和借款对经济有什么影响？迄今为止，人们的讨论集中在古代世界的主要城市中心，特别是雅典和罗马这两个著名城市，二者在经济、社会和政治生活中的诸多方面具有非常独特的特征。埃及的书面史料证据是对古代农村社会中的债务和信贷的一种记录。莎草纸相关资料上记载的人类活动与亚历山大的经济和政治生活以及埃及海岸的商业港口息息相关，但更典型的情况是，这些活动是局限在当时的古希腊城邦以外的领土地区的，具体包括与土地相关的财务管理、税收和当地市场营销。

我的观点是，由于债务和信贷在埃及农村中普遍存在，在托勒密一世统治时期，积极货币化在商品交换领域所打开的局面一直持续到公元前3世纪的大部分时间。信贷加速了流通，并调动了闲散货币。无论出于何种目的推行这样的政策，也不论政策各自目的如何，信贷都以相对较低的货币供应量维持较高水平的现金交易。信贷还可以使更多人采用现金支付方式。这增加了货币交易的频率，使政府能够坚持征收货币税，即使在现金分配不均的情况下也是如此。

许多学者认为，实物贷款在数量上仍然占主导地位，这表明托勒密时代货币化的局限性。但是，将现有的现金和实物贷款进行定量比较是有误导性的。非种子贷款或卡特加贷款的实物贷款在公元前3世纪几乎不怎么能看到了。此外，剩下的少数例子与粮食租金，以及偶尔与现金债务的赔偿有关。在随后的两个世纪里，情况发生了很明显的变化，由于人们对货币制度的信任下降，实物作为一种支付手段重新变得重要起来。

在公元前3世纪，希腊人和埃及当地人都被迫使用信贷而不是实物来代替现成的现金。除了正式的开放目的贷款外，还有一些其他形式的货币贷款，尽管是以契约协议形式出现，但实际上就是贷款。虽然从法律角度看，它们代表着不同的做法，但从经济角度看，它们指向同一个方向，即根据契约协议条款向契约当事方之一提供现金。书中，我将谈到预付租金和工资的重要性。托勒密王朝的统治者建立了这样一个通常由行政部门提供种子贷款和其他实物贷款的制度，在这些制度运行过程中，统治者们似乎已经预付了那些工作契约中的出资条款和工资，而这笔费用中已经包含履行契约条款可能产生的其他费用。埃及这种对工作的组织和安排，特别是大量以现金支付工资的工人再次雇佣关系，非常有利于货币化的发展。我在此强调，契约主要责任方只有在预付工资和契约中有预付条款保证的条件下才能符合契约的现金要求条款之要约。

受雇的一方不仅向自己的雇主索取银钱作为报酬，而且那些作为中介提供雇佣关系服务的人也通过提供自己的服务从处于远方的他们自己的雇主那里得到现金补偿，也可能是他们的上级、朋友和同事的现金资源。在古典城邦时期，由于缺乏对借贷来讲十分重要的公民意识，其他社会网络为便利有息和无息贷款的开展提供了意识形态背景。

第一章　正规贷款

托勒密王朝为了自己的财政和经济利益，建立了一套在某些方面优于原有埃及基础设施的法律基础设施和司法体系。最重要的是，追讨债务的程序得到加强，债务人受到保护，不受毫无怜悯之情的债权人的伤害。这个时候就出现了专门追讨私人债务的官方机构。"引入者"负责向法院提起诉讼，而越来越强大的国家行省官员执行判决。根据特别条款，契约可以"按照国王的规定"或者"比照国王之规定"执行。这些条款的含义仍然有争议，但它们可能排除了亲自执行的可能性，或者提到了如何更快地执行契约。惩罚条款大多是参照那些对王室财政机构负债的后果来制定的，这一切都与托勒密王朝之前的法律制度形成了鲜明对比。在托勒密王朝以前，契约的执行是一大弱点。

希腊和埃及贷款契约的利率均限于 24%，根据托勒密二世在雅典和罗马发布的利率表，即使对于像海事贷款那样高风险的贷款类别的年利率也不超过 12%。在官方利率表还没有发布之前，在埃及的希腊人收取贷款的年利率甚至高达 72%，而 36% 至 48% 是专业放债人比较通行的贷款利率。对粮食贷款通常收取的所谓 1.5 倍利息也就是在偿还贷款本金之外额外收取的 50% 的附加费，不论贷款时间长短，对于现金贷款来说大抵如此。此外，根据书面契约发放的贷款的累计利息不得超过本金数额。因此，托勒密王朝的相关贷款法律框架能够大大减少贷款风险，因为贷款是建立在一种正式债务和信贷关系之上的，而且会产生利息，并且会造成如何收回债务的问题。最后，应当指出，只有书面契约才能在法律上得到充分执行。就口头协议而言，社会压力是唯一的执行手段，尽管在最后情况下可以向国王提出上诉。向泽农等地方当局提出的上诉也是众所周知的。如果贷款是在宣誓的情况下发放的，债务人可以在宣誓的情况下否认曾经提供过贷款，但不能以与出具书面契据时相同的方式强制执行偿还。由于书面契约涉及费用和烦琐手续，再加上口头协议不安全，质押可能是在社会不安全的环境中获得贷款的最常见方式。

基于书面契约文书的贷款

我们猜测很可能只有一小部分贷款是以书面契约为基础的，但是这些书面契约为埃及的借贷历史提供了最详细的证据。在下埃及，契约是在六名证人在场的情况下草拟的一份双重文件，载入公共登记册，由契约监督官密封和保管。在上埃及，契约则是由奥格瑞诺莫斯办公室起草的，在这两种情况下，起草契约都涉及一些行政工作，而且显然需要一名抄写员或一名能够书写的人，还需要付费。考虑到成本，选择书面形式必须要有特定的原因。能够进行执法是需要建立在书面契约文书基础之上的，但值得注意的是，现有正式贷款契约的当事方大多是熟人或朋友。书面贷款契约的另一种选择是非正式的手写字条，但在公元前 3 世纪，这种字条并不具有与正式契约相同的法律地位。现存的例子表明，这些字条大多是由可以书写文字的当事人自己书写的。

希腊贷款标准格式契约包含六个条款：①双方当事人的姓名；②提供的贷款金额和每月收取的利息；③贷款的偿还期限和形式；④不能偿还贷款的处罚条款；⑤执行契约的实践条款；⑥双方当事人同意契约是贷款证明的条款，也被称作库瑞亚条款。

民间以当地通俗文字记录的借贷契约有以下几个方面的特点：第一，比较多变，没有一种公认的典型形态可以成为公元前 3 世纪的标准化契约。第二，民间借贷契约是借款人对债务的确认，而不是贷方和借款人双方的共同协议。因此，民间借贷契约是债权文件，由债权人保管，在偿还贷款时归还。第三，作为债权的基础，民间借贷契约通常写明所欠的全部本金和利息。此外，利息往往与罚金没有明确区分。一旦贷款超过规定期限，所欠金额就会增加一个商定的数额。第四，也许是最重要的，以书面契约为基础的贷款常常有一项或多项质押，以一定面积的土地或债务人的全部财产作为附加担保。另外，也有例子是要求提供个人担保。这两种做法与希腊的做法形成鲜明对比，可能反映出人们对管辖权和执行判决的信任程度较低。另外，由于契约是私下保存的，因此行政机构对个人之间的信贷关系即正式的贷款行为干预程度较低。

从现存希腊书面贷款契约的条款我们可以管中窥豹，总结出一些一般性特点。比如，在希腊契约中几乎完全没有埃及人作为契约当事人。

参与正式贷款交易的妇女人数比想象中要多很多，需要研究者特别关注。在 42 名希腊人的契约案例中，尽管希腊法律要求女性契约当事人要有男性代表，但在提及这些契约时，有 6 名妇女似乎是贷款人，4 名妇女是借款人。其所占比例虽然在某种程度上取决于采样群体数量的大小，但明显高于在农业土地管理方面妇女参与的比例。与农业妇女人数进行比较，我们能够得到更多有益的结论。首先值得一提的是，上埃及的埃及妇女似乎比下埃及希腊化地区的希腊妇女更经常地成为土地的承租人或所有人。几乎可以肯定是，由于托勒密王朝早期驻屯军土地的不可转让性，因此妇女无法获得这块土地。妇女在契约法中的自由程度也较低，这可以解释为什么她们还没有得到租约农户的地位。此外，希腊妇女在公元前 2 世纪确实也有成为地主或者租约农户的经历。她们的土地大多是葡萄园和花园。波默罗伊认为，种植葡萄、水果和蔬菜所需的体力劳动较少，因此更适合妇女。但是，妇女不仅是耕种者，而且是土地的管理者，因此，更好的解释可能是，从意识形态的角度来看，经营葡萄园和果园对妇女来说比其他经济活动更开放。可以说，以契约关系而不是军事地位和继承为基础的以现金和市场为导向的部门比谷物农业更不受地位的限制，因此更容易为妇女所利用。因此，妇女在贷款交易中更多显性存在，可被视为与其在现金经济领域中所发挥的作用相一致，她们以制造商、雇佣劳动者和房屋、庭院、奴隶和牲畜的拥有者身份出现。

此外，一般认为，妇女投资于贷款和其他创业活动的资本来自她们从娘家带来的嫁妆。这些是最重要的维持基金，以现金为导向的业务致力于使这些原始基金变得更多，特别是在妇女丧偶的情况下。然而，妇女虽然是遗嘱的受益人，但在托勒密时期从未作为立遗嘱人出现。这一事实表明，她们作为债权人的活动，即使还包含经营其他能够产生收入的商业业务，也一般不会积累或者带来巨大的财富。在这种背景下，妇女参与借贷的经济机会以及借贷的经济作用总的来说是可以理解的。

书面契约担保的贷款涉及的具体金额变动很大。在我们研究的所有案例中，贷款范围从少到 14 德拉克马铜币到相对大额的 1000 德拉克马。与妇女有关的贷款从 45 德拉克马到 1000 德拉克马不等。

贷款期限同样是可变的，不能从现有案例样本中得出一般模式。然而，值得我们注意的是，平均数介于 6 个月和 12 个月之间，并没有长期贷款的例子。因此，没有证据表明，在公元前 3 世纪末发生货币危机之前，贷款期限通常至少为期一年，而且在此之后，贷款通常期限较短。

利息一般可以区分为五类：①没有利息，或契约中未具体规定利息比率或金额；②艾托克斯贷款，即贷款中包括利息；③每月2%的利息；④每月利息超过2%；⑤本金和利息，即在本金上增加50%，与时间期限无关。此外，在有些情况下，利息的具体规定没有得到保留。较大数额的贷款通常按每月2%的利息计算，但14德拉克马的数额却少得有点难以置信，但这可能是较大数额的剩余部分。

鉴于第①类并没有太多的解释性说明，我们很难确切推测出无利率贷款的原因。就目前而言，我们可以得出的结论是，土地租赁为无息现金贷款提供了一种社会环境和经济背景。在其他案例中，住在同一街道的贷款双方约定进行无息贷款的契约拟订，直至将来某个时间另行通知为止。这的确是一笔友善的贷款，但契约的书面形式让我们有理由怀疑我们是否了解了全部情况。

清单中的几笔贷款具体说明是艾托克斯贷款，即有利息的。这一表述指的是利息包括在要偿还的款项中，而不是不收取贷款利息。在民间借贷契约中这种做法比较普遍。此外，所有现存的艾托克斯贷款都可追溯到确定利率的王室利率表之后的时期，其目的可能反而是隐瞒利息，而不是对借款人表示善意。目前，现存的资料可以证明，最高的利息发生在将利息计入应偿还金额的协议中，这一事实有力地表明，当事各方通常有理由对实际协议的性质进行模糊处理。此外，艾托克斯类贷款协议中的一笔贷款涉及一名妇女，在同一个文献片段中也出现了同样的记录，这个女人似乎是一块土地的出租人。比较可能的结论就是，这个女性从事的似乎是与土地和金钱交易相关的专业贷款。在珍·宾根看来，这批人特别精明。这名妇女不太可能根据书面契约为当事人提供无息贷款。另一笔艾托克斯贷款几乎可以肯定与物业田产交易有关。在此情况下，购买地产支出的款项可解释为向卖方预付货款，直至卖方提供售货证明书为止，如无售货证明书，售货即属无效，必须退回已付款项。最后，当贷款是租赁契约中的预付租金时，艾托克斯贷款是很常见的。这两种贷款都在埃及发现有先例，都可能用来解释利息的性质。然而，由于它们具有非常特殊的性质，因此将在下一章中更详细地加以讨论。

普通书面贷款契约没有具体说明贷款的目的。这些贷款一般都是中等规模的，用于更加方便不动产的货币管理以及驻屯军和其他农业地主的商业事务。融资对任何企业的经营都是至关重要的，但是正如我们将在下一节中要探讨的那样，这样做不是基于盈利能力的考虑，也不是有系统地投资于特定项目。从理论上讲，这两种情况都属于消费贷款的范畴，尽管它们具有经济功能，而且它们与流通问题有关，而不是与经济发展有关。

质押贷款

以正式贷款契约为基础的贷款的替代办法是以质押典当经纪人担保进行借贷，但也有钱庄主和私人放款人接受质押，以向贷款者提供利率相当高的贷款。在质押物品中，人们通常把衣服和个人物品当作质押对象，而用珠宝、银盘和细布进行质押则可以获得金额更大的款项。

尽管典当商普遍倾向于持有那些有某些特性的物品，但典当物品的范围原则上没有任何限制。我们关于质押和典当的大部分信息来自泽农档案，泽农和他的代理人既是借款人又是贷款人。银盘作为抵押物对泽农的代理人来说格外具有吸引力。一个富裕的家庭拥有大量的贵金属容器，其不仅是展品摆件，而且是有价值的贵重物品。由于这类物品十分便携，可为当时大多数人们所接受，价值又稳定，因此就成了获得货币贷款的理想工具。放债人或钱庄主人甚至不必卖掉这些贵金属容器来兑现其价值，单凭容器本身的重量就可以直接放心交易并且对这些物品的价值深信不疑。博加特计算出，贷款价值可高达抵押金属容器中金属重量的 83.5%，大大高于古典希腊时期的抵押贷款利率。值得注意的是，当泽农为了取得铜币贷款而用与币面金额等值的金币进行质押的时候，贷款金额相当于 80% 的质押金额，这个交易里面有 20% 的差价，这构成了将铜币兑换为银币，再把银币兑换成为金币过程中的税捐。

在一些案例中，我们也看到有的债务人因无法按时偿还贷款而提供担保物品的情况。其中一个案例的主角是卡利斯森尼斯，要不是因为被记录进了文件，他可能只是个无名小卒。在案例中，他将未出售的货物和葡萄酒作为担保物申请得到 60 德拉克马的贷款，为的是暂时摆脱牢狱之灾，而且承诺被释放之后会赚钱偿还欠债。

除了这种形式的友好贷款外，以质押为基础的贷款主要与专业放债人有关，包括典当经纪人和钱庄主。典当经纪人提供贷款的对象范围很广泛，而持照钱庄主则向熟知的正规客户提供这种服务。贷款期限与典当相关。短期至中期贷款是书面契约与质押贷款的主要证据。有一些理由认为，书面贷款契约的主要参与者是驻屯军和亲卫军，而质押贷款则更多地与四处游走的人有关，如巡回代理人或一些流动临时工。借款数额较小的贷款首先是为了解决日常需要，如购买衣服和筹措旅费。这表明现金是小规模交易的一种重要支付手段。

抵押贷款

较大金额贷款是通过抵押实现的。然而，托勒密式的以不动产抵押进行贷款的开放式目的贷款并不常见。

现存的少量文件表明，抵押贷款通常并不能用耕地进行担保。房屋和居住空间也可以抵押，只要房子不是士兵宿舍就可以。正如预期的那样，在某些情况下，抵押贷款金额远远高于以质押或以六名证人作为担保的贷款的金额。我们至少已经明确知道，有一个案例中抵押贷款是为了为亲朋的包税契约提供资金支持才申请的。类似情况也能找到几乎可以确定的证据。

结 论

希腊移民使用了他们在家乡时所熟悉的借贷方式。在某些方面，正式的书面贷款契约比一般的贷款契约更优越，因为提供了更明确的还款和执行条件，从而对放款人和借款人都提供了更大的保护。根据书面贷款契约发放的贷款数额可能非常巨大，因为到目前为止，在公元前 3 世纪已经可以证明的最高月薪是 300 德拉克马，平均 30 阿罗拉耕地的年产量相当于 600 德拉克马现金的收入，按照这个产量计算的话，收益率大概相当于每阿塔贝 2 德拉克马。埃及人之间的书面贷款契约比较少见，但这可能也因为偶得的证据比较少，因为很少有可以追溯到公元前

3 世纪的史料能保存至今。更重要的是，当地人的贷款更多地与其他类型的交易交织在一起，他们之间的一些银钱往来我们将在后面进行讨论。关于书面契约贷款的目的性我们知之甚少，然而，直接产生的租金债务、缺乏流动资金和较大农场面临的所谓现金流动问题都可能成为贷款人需要借现金的最普遍的原因。以担保为基础的贷款比以书面契约为基础的贷款要灵活得多。

第二章　拓展信贷经济

与普通贷款契（如以质押或抵押为基础的贷款）的契约不同，还有一系列契约协议几乎只在希腊和罗马统治下的埃及才大量存在。在这些协议中，贷款似乎是其他交易，特别是买卖或租赁契约的一部分，或与这些交易相互交织在一起。埃及是否只是一个更加简单和清晰地了解古代信贷的案例并没有定论，或者这些信贷措施是否为埃及特有也是存在争议的。法律史学家认为，在古代世界的任何地方，贷款都是与买卖和租赁结合在一起的，因为希腊法律并没有关于合意契约的专门规定。也就是说，如果一项交易涉及在稍后阶段付款或交付货物，就必须商定一项贷款契约，具体说明付款方式或交付的性质和时间。

我在本章中指出，以买卖和租赁契约为基础的贷款安排不仅是希腊法律的一个困境，而且与埃及的社会和经济组织关系更为密切。虽然人们对希腊人在埃及使用的契约形式与希腊法律的概念并不陌生，而且可能在其他地方使用过，但首先必须将其视为适应埃及的条件，并试图将现有类型的协议转变为希腊货币契约的类型。这一过程很可能被视为希腊法律的一部分，但前提是要认同相关法律安排在希腊化时期得到进一步发展。

与预期买卖交易相关的贷款

与抵押贷款非常相似的是，从预期买卖到实际买卖行为发生时，贷款开始成立。这类贷款所涉不动产没有抵押，但根据契约，会视为被有条件地卖给了放贷人。这类契约首先是贷款声明，然后是一项协议，即在贷款人向放贷人提供关于所涉不动产的买卖证书时，贷款即视为生效。

贷款契约可能是一项普通的买卖契约，房屋卖方在公证处办理完买卖手续，包括支付买卖税之前，将购房款视作一笔贷款。在其他契约中，贷款的资金似乎才是达成协议的主要动机。这些契约与那些正式的买卖契约非常相似，不同之处在于在贷款契约中没有明确文字体现这一点。在这样的贷款契约中，买方明确承认自己将购房款作为贷款付给了卖方，而卖方同时也承认自己在未履行完买卖契约和不动产转让之前是欠买方这笔钱的。此外，正式的买卖契约一般不必对所买卖商品进行具体说明，但在贷款契约中，所涉及的不动产位置和边界都必须清楚描述出来。

这种交易在托勒密王朝时期和托勒密之前的书面契约中还是有很多人使用的。在书面立法规定中，我们很少能够找到仅仅用书面契约作为担保的例子。相反，契约的成立还另外需要以担保物或者土地不动产作为抵押品，或者是登记正式的财产转移证明，或者是在贷款期限内正式把担保物或者抵押品转移到放贷人名下。曼宁在书中指出，实务担保的书面贷款大约能够总结为以下三类：贵重物品被转移或暂时存储；转移法律文书；财产被暂时转让，债务人在违约而无力偿还贷款的情况下会造成抵押不动产的真正转让。根据书面法典规定，买卖契约如果要想成立，除了契约之外，还需要买方签署的地契，只有在这种情况下，才能完成买卖和财产转让。所有担保形式在托勒密王朝之前就已经普遍存在，只是到了托勒密王朝时期，具体手续略有不同而已。

曼宁指出，基于有条件买卖交易的贷款类型会产生一系列问题。当没收财产的债务人拒绝提供买卖凭证或者地契时，会发生什么情况？如果其不缴纳5%的交易税，会发生什么情况？此外，债权人是否被允许使用有条件转让的土地或房屋？总的来说，埃及法律中的债权人处在一种相当不受保护的地位。

希腊的契约似乎加强了债权人的地位，因为这些契约包括普通贷款契约中的罚金条款、惯例条款和有效性条款。同时，这个类型的贷款契约为借款人提供了更好的条件，因为贷款期限灵活，而在一般情况下并没有如此有利的条件。然而，毫无疑问的一点是希腊的契约与埃及的契约没有那么大的不同，是一种借鉴的关系，是相似的。有一点最明显的是，我们几乎可以确认希腊贷款一般情况下是对债务的一种确认，而并不是对共同贷款协议的承认。

与普通希腊贷款不同，有条件买卖交易的书面契约贷款一般适用于希腊人和埃及人之间的交易。埃及人可能更倾向于使用契约贷款，因为它们与埃及人的习惯更加契合，这是因为契约贷款是以真正有价值的物品作为担保物，而且也因为他们理解的贷款就是一种债务关系。对于希腊人来说，契约贷款的优势在于能够使他们有机会持有一笔贷款，还款期限比较自由，而且贷款利率已经包含在还款金额中，是隐形的。同样重要的是，在大多数情况下，获得贷款的抵押物经常是非生产性的或开放的空间，而贷款得来的是真金白银的现金货币。在一个已知案例记载中，作为抵押的是一个完整庭院的一半面积，在另一个案例中，是一块闲置空地，还有另外一个案例中抵押的是空地和住宅。

在希腊人和埃及人签订的契约中，希腊人总是借钱的人。这是一个值得注意的细节，因为从社会和经济角度来看，借款人通常是贷款协议中较弱势的一方。另外，经过仔细研究我们也发现借款人往往是社会地位不高的希腊人，即在封地制度中没有像驻屯军那样分到土地的那部分移民的后裔，他们所经营的生意经常是需要大量现金进行资金周转的。那么问题来了，他们如何能够把不动产放到市场上进行交易？为什么他们要借钱？而且为什么他们很多时候要用埃及人的惯例形式与埃及人签订契约文件？为什么他们有时以埃及先例的契约形式从埃及人那里借钱？

如果想要给这些问题提供一个满意的答案，那么我们不妨把这些预期买卖契约理解成为一种人事的财务策略，包括一系列涉及生意的经济活动，如土地、居住空间、借贷和金钱往来。由于他们的生意复杂性更容易与另一种类型的交易联系在一起，因此进一步的讨论将不得不推迟到下一节进行。目前，应当指出的是，我们只有从有条件买卖交易契约的社会角度出发，并且将其视为更广范围内的包括买卖双方在内的交易，才能更容易理解其性质。

此外，如果为贷款提供担保而已经抵押的住所或土地实际上已转让给放贷人，那么这个还没有开始执行的贷款契约可能意味着一项租赁协议，其中财产不仅作为贷款的担保，而且作为预付租金。因此，待售契约相当于另一种安排，即用房屋的出租租金来补偿利息的支付。

我们可以得出一个结论，那就是待售交易契约至少在某些情况下是一种将贷款与不设固定期限的不动产使用权相结合的产物。租金是预付的，并被解释为贷款金额，直到租约农户或放款人终止租赁行为为止。借款人和房东可能并不是交易中较弱的一方，他们可能会利用低现金价值的土地获得流动资金，而将贷款资金投资于进一步的交易。如果我们接受这一解释，就可以结合下一节所述的内容对财务交易进行描述和解读。

与租赁契约相结合的贷款

现金贷款也可与土地租赁结合在一起。在这种情况下，部分或全部租金也是预付的，并被视为应在年底租约到期之前或到期时偿还的贷款。在一些与可耕地租赁有关的契约中，预付全部或部分租金的现象并不少见。法律史学家将这些预付租金称为承租协议，因为在希腊语中预付款是"prodoma"，而作为抵押或担保的土地用益权。

在埃及的租赁契约中，租金支付时间不尽相同，在法尤姆和中埃及预付租金，而在上埃及则是在土地收获后支付租金。这可以简单地用习俗和传统的差异来解释，也可以用上埃及和下埃及地区土地所有者和租赁者之间的差异性关系来解释。在希腊人中，这两种安排都是可能的。在奥克西林克斯行省的契约中，现有的例子主要是支付不动产预付租金，而阿斯诺伊行省的契约则恰恰相反。这一差异很可能是因为现存资料的偶然性，但预付租金的习俗很可能是受埃及做法的启发。有人认为，在法老统治的埃及，预付租金的能力是富裕的标志。

所有我们能看到的租约案例都明确在契约中确定了租金支付的方式，是以现金或者是以实务支付都会写明白，同时规定了租金必须在什么日期之前支付以及以什么样的方式交到对方手中。罚金和担保条款与普通租赁契约一样都在契约中明确列出。如果土地部分或完全被淹没，那么承租人可以明确要求减少租金。租赁方接下来就可以承认租金预付的类型，是采取现金还是实务支付的方式，要求在租金应付日期之前或者当日进行支付，当然是在土地的庄稼收获之后。如果租赁方不能够偿还贷款，承租人可以继续租赁，并将收益保留到未偿债务的货币等价物得以实现时。所欠租金的货币等价物是以谷场上庄稼的实时价格计算的。因此，如果出租人—借款人无法偿还贷款，或一年的租金不足以偿还贷款，则允许承租人—借款人以同样的条件继续租赁到下一年。在担保条款中，出租人应保证租赁契约有效直至偿还贷款之时，而根据惯例条款，如果国王从持有人手中收回小块土地，承租人可以强制以现金偿还预付租金。这类租约通常持续一年，如未偿还贷款，则可延期。

奥克西林克斯行省保存的贷款契约中的贷款，一般都是预付租金已经包含了贷款利息金额的贷款，也就是说，利息并不需要额外支付。

预付租金的原因是多方面的。在罗马时期，有情况表明，土地所有者往往需要现金，或者其社会地位并不很高，甚至比承租人还要低。在有些情况下，承租人也需要承担土地税，这个事实也可以验证我们对当时社会地位关系的猜测。托勒密早期的文献材料一般没有类似的线索，因为在公元前 3 世纪的时候，生产谷物的土地如果用于租赁交易，那么人们是不会把赋税的条款写进土地租约的。然而，在有些情况下，我们可以通过契约中的一些条款的内容来确定出租方和承租人之间的社会关系与地位的信息，或者从同时期文献的其他内容中偶尔得到参考性信息。宾根发现，在签订的一些租约契约中，承租人通常是那些移民二代，他们没有分到土地。出租人管自己叫作驻屯军平民，或者是没有在行政机构注册过的驻屯军。从财政而不是从社会角度来看，这些移民二代虽然没有自己名下的土地，但是他们在契约双方的地位比拼中处于有利一方，他们似乎更加愿意把土地分包给别人去耕种，而自己不去劳动。预付租金契约从财政策略的角度来看，是通过想图利的中间人把现金贷款提供给驻屯军，之后将土地再次分租下去，然后从这样一种交易中获得利润。

预付租金是获得现金贷款或偿付现金债务的一种方式，所涉及的金额与其他条件下的贷款相比差不多。贷款期限通常为一年，但可以商定更长的期限。考虑到贷款与租赁契约挂钩在一起，这种获得现金借款的方式似乎有点不太灵活。因此，在大多数情况下，预付贷款必须具有非常具体的目的，或成为地主和承租人每年按规定重复的例行公事的一部分。

贷款与商品买卖相结合

与租赁契约中的预付款类似的是对商品，特别是对农产品的预付贷款。在普林斯海姆发表了著名的、有影响力的《希腊买卖法》之后，这一交易常常被解释为延期交货买卖。但令人怀疑的一点是，"交易"在大多数情况下的主要动机是为了买卖的成交，而不是为了预付款或现金贷款。托勒密王朝时期和托勒密以前的一般性契约也有的是对现金债务进行确认，并承诺以特定类型和数量的产品进行实物偿还。虽然有人强调，希腊和埃及的书面协议是相互独立发展的，但值得我们注意的是，在埃及，土著和移民人口都在进行着各种方式的商品交易，但是在古代世界其他地区并没有充分证明这些方式。

普林斯海姆认为，将贷款与日后某个日期承诺交货相结合的契约是一种特殊形式的买卖契约。希腊法律对合意契约这个概念比较陌生，因此，每一项买卖都必须是现金交易才能使其合法有效。然而，在商业发展的实践中，单纯的现金买卖往往是行不通的，因此商人通过将交货和付款作为单独的契约来约定，进而规避这一问题。他们可以将买卖与贷款契约结合起来以信用交易进行，也可以起草现金贷款，承诺以实物偿还欠款，使延期交货的买卖成为可能。

这些交易的契约方面得到了很好的解释，但长期以来人们一直怀疑这些交易是否是普林斯海姆所提到的那些原则发生作用的结果。摩西·芬利早就指出，普林斯海姆的分析未能将契约现象与适当的社会经济环境联系起来。如果像普林斯海姆所说的那样，这种环境正在发展出商业，那么令人惊讶的是，在古代雅典时期几乎没有延迟付款或交货的案例出现。相反，普林斯海姆理论的大部分支撑证据来自埃及的农村地区，这一事实需要用具体的时代背景下的分析来进行更好的解释。40 年后，米利特的研究证明，古典雅典时期发达的商业经济在没有信用买卖交易或延迟交货的情况下运作得相当好，而同时埃及的历史学家通过对当时社会经济条件的解读已经可以对普林斯海姆提出的理论提供佐证。

相关文献的讨论集中在罗马和拜占庭后期的一些案例上，可以从那些证据中看出现金贷款与延迟交付货物的结合已经相当普遍。威尔斯在普林斯海姆之前曾对这一材料进行了一番解释，认为这种类型的贷款可以视为在农村收获季节来临之前对农民的劳动和生活开支的一种资助方式。帕克曼和巴格诺尔认为这一解释不无道理，可以采信，而他们对之前普林斯海姆的理论也是存在疑问的。他们进一步提出问题：按照这种解释，付款的一方可能有什么好处？因为在大多数情况下，事情看起来并不像普林斯海姆所说的那样，是商人以优惠的价格抢夺某些特殊产品。通常情况下，这些商品也就是普通农产品，如葡萄酒、谷物或羊毛，当收获的季节到来时，这些产品供应充足，甚至更便宜。帕克曼认为，应该是收割前和收割后价格之间的差额吸引了买方提前付款，而巴格诺尔指出，只有在收割前买方收到产品，而价格仍在上涨时，这才是一种优势；然而，在我们能看到的所有案例中，交货都是在收获后，这意味着价格再次下跌。

此外，为偿还贷款而支付的农产品数量往往太少，对商家的价格计算没有任何意义，这也就意味着商人可能无利可图。对特定产品的兴趣也不太可能是一个主要动机，因为所涉及的产品从来都是市场上常见的商品品类。如果货物未交付，买方还可接受以现金偿还预付款。在有些情况下，他们明确保留以现金偿还收回欠款的权利。因此，我们几乎可以推断这种安排的动机与农产品或其价格没有任何关系。相反，这是一笔财务交易。当农民们迫切需要现金时，贷款人却想尽办法隐瞒借款的实际利率。在现有契约中，要么产品价格过低，要么要求按偿还时市场价格的 2/3 偿还。这意味着贷款的利率可能高达 50%，这样的高利率贷款对于实物贷款来说并不稀奇，但是在当时的条件下，高利率现金贷款是非法的交易。因此，与包含利息的贷款一样，推迟交货的货物交易买卖对放款人来说是一个剥削农民的机会，可以以高利贷的利率提供贷款。这些契约表明，只有在急需现金但是却不能轻易获得的情况下，借款人才出此下策，农民接受了明显不合理也不合法的条件来获得急需的现金。

鉴于所涉及的农产品数量和购买者的地位，购买者参与营销并非不可能。然而，没有迹象表明商人是希望预订下某种走俏的商品才同意预付货款的。相反，正是中小型现金贷款的良好市场，加上在农业方面的长期的预付款传统，使提前预付款在埃及变得比较常见，而在古典雅典的商业经济中，这种做法仍然不多见。

信用买卖

购货价款的贷记，也称信用买卖，是与买卖相结合的另一项贷款交易。对于法律史学家来说，它的意义在于买卖与确认贷款的契约相结合。书面契约形式是六名证人的签名，类似于独立正式贷款契约中使用的签名。债权人还可以保留一份非正式的书信，其中债务人确认其将在某一日期支付贷记款。

然而，单纯认定价格仅通过正式契约、正式宣誓或非正式债务票据计入贷方，则会产生误导。泽农档案中最引人注目的方面之一是付款结算的非正式性，特别是在涉及朋友、商业伙伴或代理人时。租金和工资的支付被推迟了几个星期甚至几个月，因此，托收代理在没有保存任何书面文件的情况下延迟了货物的付款。付款推迟的一个主要原因是现金从一地运到另一地需要时间。付款人可通过书面指令要求附近的钱庄主付款，但前提是付款人在他那里有账户；或者，必须要求忠实的朋友或代理人亲自携带现金。只要织工碰巧来到或者经过此地，付款人就承诺支付束腰外衣的费用。延迟付款在商人和代理人的日常业务中是很常见的。因此，与买卖有关的正式信贷契约只是冰山一角，当时存在更为广泛的信用计价操作行为。在托勒密王朝现金经济的公共和私人交易中，在卖方和买方之间通过流水账户进行交易的时候，延迟付款在双方默许的情况下比较普遍地存在。

商品预付款

部分预付款或保证金存款是另外一种在埃及几乎完全得到证实的制度，而且这是独一无二的。到目前为止，我们仅仅找到一个关于雅典预付款的文献记录，所有其他资料都是间接的。这一概念显然在埃及以外的地方也是有人知道的，但在古希腊世界的商业生活中似乎没有发挥重要作用。

预付款保证卖方/生产商不受客户改变主意的影响。买方如果不支付余下的价款，就收不到货物，也就失去了预付款。相反，卖方如果不交货，就必须退还预付款和支付罚金。此外，最重要的是，在货币化的背景下，预付款提供了为生产和运输期间积累的成本筹措资金的手段，并缩短了零售商为赚钱而购买和出售商品之间的时间。

预付款的数额是灵活的，显然可以通过谈判商议。

我们有足够的证据相信预付款是与当时的商业环境联系在一起的。

预付款作为购买担保的作用是不容置疑的。一个商人想买一批葡萄酒，直到全部托运货物到达其手中时其才能够付清货款。其存了一笔预付款以保留葡萄酒的货源，直到交易达成为止。付款保证了葡萄酒在此期间不会出售给第三方，并向卖方保证买方将返回并全额付款。同时，商家也在生产者与消费者之间起到了一定的中介作用。商人直到把产品卖到市场上才有应付给生产者的现金。买方支付了预付款直到交付产品，这足以让商人在此期间支付或部分支付费用给生产者。在另一些情况下，预付款的功能更具体地说是为偿付运输费用，或支付与所涉商品有关的任何其他费用。

预付款通常是以现金支付。一方面，它作为购买和交付的保证，使生产者和零售商能够为与运输、原材料和与商品生产、买卖有关的其他费用提供资金。另一方面，这是一种弥补中间商或商人在生产和分配之间缺乏现金储备的机制。在这一职能中，它在任何小规模的现金经济中都占有一席之地。在这种经济中，营销掌握在中间人手中，而不是初级生产者手中。在埃及，关于预付款的相对有力的证据很可能反映了这种结构，是高度分工以及基于个人手中的现金资源不足而进行的货币化尝试。

结 论

商品和其他形式贷款的预付款的重要性不能全部参照某一特定法律制度来解释，因为预付款仅仅是商品交易的一个初步环节。从更实际的角度来看，预付款可以用于清偿债务、提供现金、隐瞒利率或为超出生产者现金能力的税收和生产成本提供资金。利率虽然经常秘而不宣，在契约条文中无从发现，但在这类安排中，利率似乎很高，这表明现金贷款有一个良好的市场，而且规避了王室法规的相关规定。租赁或买卖契约中预付款的经济利益有时被中间人有计划地利用，他们在其他交易中获得资本，再以某种方式将其借给房东或耕种者。在某些情况下，我们可以找到其与希腊书面契约协议形式的相似之处，在其他契约中提供贷款的做法很可能受到埃及先例的启发。此外，值得注意的是，希腊人和埃及人之间的贷款往往以这种形式的文件证明，而不是以独立的贷款契约证明。

与租赁和买卖契约有关的信贷的发展与扩散属于农村债务经济，其特点是高度分工、货币税收和现金资源稀缺。只有在以预付款和部分预付款的形式提供资金有助于为生产和运输过程中积累的费用提供资金的情况下，它们才与买卖和商业交流有关。没有迹象表明这种信贷类型是商业经济爆炸的结果，相反，在将现金用于生产、分配和运输过程方面，这种信贷的作用更为有限。预付款出现的原因是否在所有情况下都是现金紧缺，这个命题本身很难证明，但个人层面上对现金的普遍需求刺激了这一契约安排的推广，进而刺激了资金的流通。

第三章　租赁和劳动契约

托勒密时期的一些信贷形式具体涉及土地租赁的安排，以及根据这种土地租赁契约调整出来的其他工作契约形式。种子贷款可能加上一些支付季节性劳务的额外实物贷款，在埃及法老时期有很长的传统。在埃及托勒密时期，种子和所谓的工资贷款继续由行政当局定期提供给王室承租人，而一些驻屯军土地所有者将土地出租的时候则自愿采用这种做法。谷物作物先期支付，通常与房租一起偿还，这种安排有几个作用，既控制了农作物种子的质量，又帮助实施了播种计划，并最终确保土地不会荒废。

为增加农业季节性工作而预先提供谷种，以及支付谷物和现金的做法在农业生产中比较常见，对于研究莎草纸史料的学者来说并不陌生。较不为人所知的是，在劳力租赁契约和其他劳动契约方面也取得了类似的进展。我将在这一章中论证这一点。正如租赁关系的组织与劳力租赁契约之间的关系有一些重叠一样，种子贷款和工资贷款与劳力租赁契约这两种形式的契约和其他一些工作契约之间也有一些结构上的可比性和类似特点。鉴于与维护堤坝系统有关的劳力租赁契约具有相当的重要性和规模，这一领域内的预付工资或者租赁劳力成本对于货币经济中的现金支付周期至关重要，至少与传统谷物农业中的粮食贷款具有同等重要性。预付不仅保证了工作的正常及时完成，而且促进了劳动关系的货币化。

我们可以利用现有的三个不同背景情况对此进行区分了解。在第一部分中，我将回顾以现金和实物向驻屯军与王室土地的租约农户提供的种子和农业劳力工资贷款。在第二部分中，我将讨论堤坝和建筑工程契约中预支付的工资费用问题。在第三部分中，我将提及其他预付工资的劳动契约。最后，我将谈到一个奇怪的现象，即有些薪金包括预付的款项，适用于承包工程的成本费用。

我将种子贷款和工资贷款制度与预付劳动契约做比较，主要是根据法尤姆和中埃及时期的史料证据。在公元前 2 世纪，从上埃及租来的平民土地上，租约农户定期提供种子和支付季节性劳力的工资。然而，在上埃及，预付谷物的做法也不是完全没有。在底比斯的大众语言庙宇誓言中，至少有一个托勒密王朝的例子与土地主人提供谷物种子有关。此外，在底比斯发现的托勒密统治之前的庙宇土地租赁契约中，租约农户通常被要求提供种子，但在其中一个案例中，我们发现土地主人在提供种子和牛之后获得了比通常情况下更多份额的作物。这些发现意味着至少在某些情况下，在法尤姆以外的地区也有地主与租赁土地者签订种子或者其他类型贷款契约的例子。赫莫波利斯的法律手册中对土地所有者和租赁者双方提供预付款或者实物预付的情况分别进行了考虑，很可能的一个情况就是这一问题是根据埃及各地的习俗和个人协议加以规定，而不是以固定的模式进行约束的。

种子和工资贷款

在托勒密时期，种子贷款会定期提供给王室土地的租约农户，并且在某些情况下，还向驻屯军土地的租约农户提供。大多数此类案例发生在谷物土地的相关租赁契约中，但是也有把其他农作物种子作为贷款发放的先例。除了能够确保种子的质量外，种子贷款还是地方土地官员用来执行官方播种时间表的一种有效手段，法尤姆的大多数耕地都受到这一时间表的制约。由于王室土地耕种者的地位不同，接受王室种子贷款的人不是本地农民就是驻屯军，因此，种子贷款在当时并没有特殊的社会暗示。

虽然偶尔也有人提出不同意见，认为谷物种子贷款的接受者始终是王室租约农户，但种子贷款其实也可以在私人租赁契约中确定。

罗兰森认为，鉴于种子供应这一重要事项在现有租赁契约中不是一项常规条款，因此可能受到不成文惯例的规制，这种惯例可能因地而异，这个地既指不同的地域，也指不同类型的土地。她还认为，种子供应取决于地主和租约农户的相对财务实力。如果租约农户拥有足够的好收成储备来供应自己耕种土地所需要的种子，其就可以避免种子贷款收取的高额利息。特别是，经济地位与地主相似的租约农户，以及那些没有自己耕种土地的租约农户租用土地时是没有要求提供耕种所用的谷物种子的。相比之下，大型庄园的租约农户通常由庄园集体提供种子，泽农档案的证据充分证实了这一点。然而，我们没有发现更多的证据证明大型封土领地的种子贷款通常是无息贷款。

与提供种子谷物有关的是为额外的季节性劳力提供工资贷款。不能说在所有情况下，但确实有一些证据证明，它们被称为劳力工资贷款。劳力工资贷款与种子贷款相比数量并不多，而且很可能是租约中更需要双方商议谈判的部分。一些学者认为，只有在开垦原始土地或荒废土地待耕种的情况下，才会发放劳力工资贷款。

露普瑞奇指出，劳力工资贷款是非常具体的贷款，总是以实物支付，有别于泽农为准备原始土地开垦而支付的现金贷款。将普通工资贷款与法尤姆行省开垦土地期间发放的特别现金贷款区分开来讨论可能是正确的思路。但并不是所有的工资贷款都是实物贷款。这里的工资是指用于任何生产性职业的工资，因此原则上可以向任何这类工资发放的行为提供工资贷款。工资贷款可以采取现金或实物的形式，视所涉种植的农作物种类而定。大多数证据都与谷物农业有关，大多数劳力工资贷款都采取农作物实物的形式证明了这一点。

与此相反，里尔系列的贷款并不总是被称为劳力工资贷款。尼卡尔索斯从王室获得贷款的事实表明，他是一个在王室土地上耕种的农民，从地方行政当局获得种子和其他贷款。他收到的工资贷款与其他文件中的工资贷款具有相同的功能，尽管名义上并没有这样称呼。这并不是说与土地耕种有关的每一笔贷款都应被确定为农业工资贷款；但术语并无具体所指，现金和实物贷款的范围要比谷物农业中的工资实物贷款大得多。最重要的是，它们可以被视为托勒密王朝经济的一个方面，也适用于公私经济的其他领域。

劳力契约中的预付款

我曾经在前文提及一种特殊类型的工程契约。根据该契约，一名主要承包商接管了一个项目，负责项目的质量和施工，但其将实际工程建设的任务又承包给了下面的雇用工人。这种工作组织形式特别适用于堤坝建筑与加固工程，此外也可涉及雇用更多工人群体的其他领域。

除了农业外，堤坝系统也是公共经济最重要的领域之一。这是皇室的责任领域，尽管在实践中，个别项目的资金掌握在地方行政当局和大地产拥有者手中。桃乐茜·汤普森详细描述了托勒密经济中这一部分的重要性。行省省长在一名工程师的帮助下负责日常维护和应急措施。他们与公共行政的其他人员以及大庄园的拥有者密切合作。因此，当塞奥佐罗斯取代克里昂成为法尤姆的总工程师时，他的任命通知被发送给了财务管理官、王室文士、警察、村长和抄写员以及大庄园主。

建筑工程和石材供应是桥梁，水井和边界墙的修建涉及水路管理的部分，当然对于城市开发来说也是组成部分。从采石到批准完工的建筑，同堤坝工程一样，都是在总建筑师的监督下进行。此外，采石工、石匠和砖瓦匠是由一个叫"十人组长"的头目控制的群体劳动力组织起来的，他们又在一名工程师手下工作。工人通常是自由劳工，但有证据表明囚犯也参加了工程建设。普瑞奥克斯认为，除了上面所提及的内容之外，士兵在运送石料和监督工作方面也发挥了一定作用。我们偶尔听说，石工是根据强制工作计划征聘的；但关于这种观点的证据模棱两可，没有明确的迹象表明这类工农工程和堤坝工程一样大规模使用了徭役工匠。

与堤坝工程契约一样，石料和建筑工程承包也采用预付的形式。

临时劳动契约中的预付款

泽农档案中有大量关于逾期付款的投诉，而账户和钱庄汇票显示，付给雇员和承包商的款项可能会拖延数月。在泽农记录的账本中有一位面包师名叫菲隆，在泽农这里，菲隆有一笔贷款的长期还款账户记录，他为支付贷款利息而扣除的工资没有以按每月定期支付的方式列出。两份月工资在第二个月底同时支付，而另一些则在最晚 7 个月后以一次性发放 5 个月或 6 个月工资的方式来支付。此外，钱庄账户记载中工资的发放给人的印象是，钱庄接到的放款通知时间并不确定，有时是把几个月的欠款一起在较晚的时间支付。因此，预付工资和薪金的情况尤为重要，一定是有比较特殊的原因才会出现预付的现象。

预先已经得到工资支付但未按时完成的工作被视为债务，会导致法律方面的惩罚。预付款产生了激励作用，可能被视为一种特权，但最重要的是，它给临时承包商带来了相当大的压力。

预付工资劳动契约可包括一项"不得离开"条款，具体规定工人必须留在工作地点。与这些条款有关的一个誓约记载有五名埃及制砖工人的誓言，他们将留在该地区，自己动手工作，保证在任何情况下绝不离开该地。如果他们不能履行承诺而离开了工作地点，将不得不归还他们所得到的预付工资。

永久雇员的工资与工价的性质

在某些情况下，工资的预付可以解释为长期雇员享受的特权，和租约雇工没什么不同，他们需要自己支付与其就业有关的费用。

预付款项的数额及其占总额的比例各不相同，这取决于目前手头有多少现金。其余款项后来支付或拖欠了一段时间，成为有关人员的投诉事项。此外，预付的资金往往不是来自为某一项目预留的具体预算，而是来自任何可动用的资金。这在结算过程中造成了一定程度的混乱，但似乎是私人和公共财政管理的一个组成部分。

员工可以领取现金，或现金加谷物，也可以只领取谷物。承包人可以向下属发放粮食，作为实物支付总额，也可以在他们自己以这种形式收到的现金工资之外，或在他们在市场上兑现粮食之后再发放。这是一个选择的问题，还是一个惯例的问题？很难说。然而关键是，货币经济一方面取决于预付款，另一方面取决于现金和实物的可兑换性，因为个体订约人或雇员似乎很少能够用自己的资源预先支付其劳动力的费用。

结　论

提供种子和其他实物是古埃及的习惯。根据托勒密王朝的规定，这些实物定期在法尤姆的王室土地上提供，在其他情况下，则在可谈判的基础上提供。在皇室土地上，贷款没有社会内涵，与播种时间和皇室对产量质量的兴趣密切相关。这些贷款严格限于特定目的，为其他目的转让玉米的租约农户不仅有义务归还贷款，而且有义务支付转让种子的土地的租金。这使得种子和劳力贷款与其他形式的贷款大不相同。

然而，预付资本制度为以现金为基础的劳动契约提供了模式。特别是公共堤防和建筑工程等重要部门，采取全额或分期形式预付工资，以支付和养活大量工人。如果承包人在完成项目时得到付款，进行这种工作的费用很可能超过他们的流动资金，因此，预付款是公共经济运作的一个重要条件。

在私营部门就业中，预付工资也发挥了重要作用。虽然原则上没有理由提前支付工资，而且在实践中工资常常被拖延，但主管下属的雇员似乎受到了批评，包括为助手和下属雇员支付工资。这些组成非常灵活，有时包括购买谷物的现金或含有实际的谷物配给。收到预付款的雇员范围，以及预付款的计算方式也没有明显的规定。任何安排似乎都是根据现金和实物的供应，以及所涉承包商的地位而进行单独谈判达成的。

第四章　社会背景下的信贷

到目前为止，最大数额的信贷是在贷款人和借款人之间的长期劳动关系或租赁关系中证明的。我将在本章中论证，长期的工作关系将雇员束缚在资助和保护的关系中，这种关系为借贷创造了有利的条件。因此，本章第一部分所讨论的信贷关系不同于前几章，因为不是工作契约或租赁契约本身使贷款或垫款成为必要，而是永久性的劳动关系为雇主和雇员之间的贷款创造了社会环境。

代理人也是在便利借贷的社会环境中运作的。然而，信贷与他们的就业关系更为密切。泽农的代理人向典当经纪人借钱，以便在需要的时候获得现金。在此，我会分析雇主和朋友所提供的贷款，他们的金钱生意似乎一直依赖这些贷款。相反，代理人自己贷款给他们的同事和上司，并仔细地计入账户。但是，必须指出，代理人的任务不仅仅是商业任务，在这种背景下的信贷金额不仅仅涉及营销和贸易。这是一个更广泛的现象，与埃及农业企业的复杂性质及其所涉及的人员和活动网络有关。

保护、资助和互惠

埃及的长期就业关系具有重要的社会内涵，从最广泛的意义上可以理解为恩惠和互惠。这两种社会伦理都是从古典希腊世界传来的，但在劳动关系的背景下，它们在托勒密之前的埃及得到了更好的证明。在托勒密统治下，它们发展成为在新的社会和政治条件下与社会中道德观念的融合。

不同层级的个人支持赞助的证据通常很难获得，因为这是一个习惯和不成文的与谈判有关的问题。它们也可能被蓄意压制，因为它们往往干涉社会和经济关系上的政治权力。然而，有强烈的迹象表明，托勒密王朝整个时期存在着可被确定为庇护资助的结构，这为埃及的劳工和社会福利组织提供了一个重要的框架。公元前 2 世纪之后，越来越多的文献对此进行明确叙述，由于君主制的削弱，地方权力的影响增加。然而，即使在王权和行政管理的意识形态仍然很强的公元前 3 世纪，赞助也是当地埃及社会结构的一部分。更重要的是，赞助为金融支持，以及信贷和金融关系中的相互信任提供了道德背景。

希腊语中通常与赞助现象有关的术语是 skepê，其含义首先为在物质和社会意义上的保护或 "庇护所"。在公元前 3 世纪，它最明确地出现在庙宇和其他可能指定的建筑物所提供的保护方面，在这些建筑物中，农民和劳工可以躲避他们的地主，暂时逃离那种个人依附关系。允许这种避难的权利是 anachorêsis，也就是 "撤退" 或 "罢工" 的权利。它主要与埃及工人有关，但在希腊法律中也有重要意义。

我们清楚地了解到，寻求庇护的权利是这个权利比较消极的一面。承包人可以防止自己雇佣的工人利用庇护权，他们会要求工人在签订劳动契约的时候就发誓自己将来不会应用庇护权来逃避义务，也不会去任何庙宇避难。

庇护所不仅仅是一个避难所，它还能成为抵抗敌对当局的武器。

希罗多德是神殿里的自由人，但是没有祭司的正式身份。有趣的是，他们强调其工作是在上级权威的保护下进行的。这可能是因为只有这种关系才能保护他们不受国家官员的干涉。

早在公元前 3 世纪，保护和赞助就已经不受庙宇或宗教场所的限制了。布巴斯蒂斯的两个希罗多德向泽农抱怨说，他们被勒斯蔻斯，也就是索夫蒂斯的农业官员传唤，在收割期间做义务劳工和砖瓦匠，而勒斯蔻斯为了自己的利益将该村的碎石工都纳入自己的保护之下。在这里，希罗多德抱怨村里的警察向其他人提供保护，可能是企图利用泽农的权力将他们从警察队伍中释放出来。他们不仅根据主教的命令被正式免除服役，而且在希罗多德看来，非法保护制砖工人不履行礼拜职责显然是一种歪风邪气。此外，事实上，这种庇护对赞助人和被赞助人来说是都有益的。

在对庇护机制的言语和功能进行系统分析时，玛莎·皮亚托夫斯卡认为，庇护是一种比较明确的说法，而比起庇护来说，赞助是一种更广泛的人际等级关系。最重要的是，双方都承认赞助关系是制度化的、持久的和基于真实的不对称关系或叫作推定互惠关系。国家通常接受这些关系，但偶尔会通过立法来规范和禁止这种关系。然而，即使是这样，也不应该认为是对该机制本身的禁止，而是一项应急措施，命令任何人不得招待或提供食物和庇护所给逃亡的养鹅人。庇护所或那些与庇护所的名字相类似的庇护机构在某些情况下可能被法律禁止，但它仍然是一项被接受的社会习俗。

有两种现象表明赞助关系的制度化，不论在公元前 3 世纪的说法是不是叫庇护所。工人、徒工或新迁入的居民需要推荐人才能在某个家族内找到工作或职位。这种工作推荐信在泽农档案中得到了充分的证实，表明它们既不是例外，也不只是一种礼貌的姿态。

这种关系是正式提出并建立在推荐制基础之上的，而不仅仅是一种临时关系。这意味着双方都有永久的相互义务。

被引荐进入一个家族服务是相互义务和信任关系的开始。这是一种归属关系，反过来又对户主产生了影响。

从托勒密时期的一系列书面担保契约中可以看出，埃及人在公共部门就业必须有担保人；但迄今为止，人们对私营部门雇用的类似情况知之甚少。希腊的推荐信很可能相当于埃及的口头或书面担保契约，为受雇者在公共部门和可能在私营部门工作提供担保。在受雇者根据契约条件履行义务的同时，雇主也有义务提供保护和法律援助。

赞助的经济用途

因此，paratinos 关系及其等同关系是以推荐、介绍或担保契约为基础的正式关系，隐含着根据雇佣条件履行的对等义务。雇员首先必须留在受雇地点，提供服务的成果，雇主必须在法律和财政事项上提供保护。重要的一点是，除了这些正式要求之外，paratinos 关系还意味着非正式义务，特别是忠诚、帮助和物质支持的义务。值得注意的是，上述信件中的 pistis（信任）一词是描述雇主和雇员之间关系的核心，也是信用关系的一个基本先决条件。此外，席恩的信表明，在经济事务中要求实际资助的权利可以基于赞助关系。泽农还照顾了一些年轻体操运动员和艺术家，为他们提供训练、经费和生活费用。尽管这种赞助更多的是与亚历山大统治的世界里的娱乐与竞技有关系，但是和封地上的劳资关系也很密切，这就表明，对泽农及与其处于同一阶层地位的人来说，通过自己的经济实力来资助一些依附于他们的个人是稀松平常的事情。

财政资助，无论是以贷款、预付工资、礼物，还是以协助个人财务的形式，都是长期工作关系所产生的道义义务的一部分。并非在所有情况下雇工都向雇主提出要求，但如果有这种情况的话，这些要求也是相互的。这表明，在这些家族中，各个部门也是根据与主要赞助人相同的原则从社会角度组织起来的。就财政资助而言，农村和城镇的家族与地方关系似乎仍然是社会援助的主要手段，但由于许多雇主财力雄厚，而且有些雇员本来会背井离乡出去工作，因此，长期的工作关系成为借贷的重要社会背景。

代　理

有一种直接参与雇主交易的人，他们的职位翻译成现代语言就是巡回代理人。然而，这项工作在希腊语中没有专门的术语词汇来表示，这些人在全国各地买卖农产品、收取租金、贷款或以其他方式代表上级行事，被人简单称为"在固定社会圈中服务的人"。这种职业及其在经济和行政中的作用不是希腊经济的典型特征，但在法老统治下的埃及得到了充分证明。

代理人处理的交易所涉及的金额适中，是交易的复杂性而不是交易的金额使代理人的活动引人注目。莎草纸的背面有一个干净的复印件的草稿。汇票的开头和干净的副本的结尾丢失，而两个汇票条目在干净的副本中不再出现。

相关记录账目的文件揭示了雇员、农民和巡回代理人的经济需要。虽然本节讨论的前两个账户显示代理人在途中借钱并在旅行时把钱交给他们的伙伴和客户，而且交代了这些付款的范围和程度，但这个账户提供了庄园本身为其代理人和雇员提供的贷款与现金捐助的数额，给了我们一些概念。我无法解释为什么在某些情况下，付款是以账目上记录支付款项的方式进行，而在另一些情况下，付款是以发放小额贷款为条件的。在这两种情况下，付款都可能同与雇佣相关的开支和费用相联系。但是，代理人把他们的记账簿统一归纳编制成更加集中的总账中，这表明农业经营中的现金流动高度依赖作为贷款、预付款或抵消他人的付款而提供的第三方的资金。驻屯军、农民和商人出差的频繁程度以及他们的代理人出差的范围也造成了对这种借贷的一些需求。然而，尽管其中一些需求是由专业贷款人来满足的，但巡回代理人的家族背景——雇主和代理人之间的关系以及他们所参与的活动网络——提供了一个可以提取现金的社会背景。

结 论

托勒密时代的埃及，大部分的劳动力和农民的依附性社会关系可以被看作赞助与被赞助的关系。这些关系意味着提供法律支持和保护，防止侵略性的收税人和债权人，但也提供了财政援助的道德环境。特别是提供小额现金贷款或预付基本需要的薪金，而工作等级较高的人可能会得到一些在建立和经营个人企业方面的支持。有一些迹象表明，家庭和邻居是贷款请求的第一被请求人，但如果没有他们，长期雇佣关系和租约农户关系是备选办法层级结构中的下一个可能性。

有社会关系的个人之间的贷款在代理人的世界中发挥着特别重要的作用，代理人不仅执行商业任务，而且收取租金、税款和其他未付款项。代理人是埃及经济和行政管理的一个组成部分，因此，与此有关的贷款活动再次成为埃及特有的活动。一方面，在一定距离内从事商业和其他业务的习惯产生了对现金贷款的高需求；另一方面，代理人参与的利益交织的人员网络和活动有助于满足这一需求。甚至雇主、代理人和商业伙伴之间也相互交换贷款，而每个有关人员的账户为这种交换提供了极大的便利。占埃及现金经济大部分证据的大量账目，也是现金经济在实践中发挥作用的一个重要先决条件。

本书的这一部分描述了贷款的各种方式，提供贷款的条件以及通常使用贷款的社会群体。现金贷款是埃及社会各阶层经济和财政现实的一部分。托勒密的税收制度很可能是托勒密时代埃及最有力的货币化工具，但货币税收的压力，在经济中创造了只接受货币的领域，迫使人民在手头没有现金时使用现金贷款，而不是实物贷款。

学者们经常以现代的理解来看待信贷，将信贷的使用、钱庄的出现和债务法的发展与贸易、市场、生产性企业和货币化的发展联系起来。另外，他们的反对者认为，信贷深深扎根于特定的社会和文化结构中，独立于货币和市场而发展。在古代，所谓的原始主义者强调的是信贷及其机构的复杂性，而不是生产和商业。信贷及其机构的复杂性一直是核心问题，而所谓的原始主义者则强调古代非生产性信贷的绝大部分非正式和个人化特征。我说过，在埃及农村地区，存在着广泛而复杂的贷款交换。它们背后大多是人际关系，但放款人和借款人的个人熟识程度并不妨碍放款人收取相当高的利息，特别是在借款人面临压力的情况下。贷款契约的管理和法律形式，特别是涉及现金的贷款契约，在某些重要方面与托勒密之前的制度有所不同。毫无疑问，这些发展在一定程度上与发展生产性经济、扩大当地市场和使用钱币有关。然而，它们仍然深深扎根于埃及农村现有的社会和经济结构中。

第四部分　银钱业

导　言

　　皇家钱庄成立于托勒密时代早期，作为货币认证和财富储存场所，以前由孟菲斯和底比斯的主要庙宇承担，但现在由直接隶属于财政大臣和财务管理官的国家雇员管理。除了是金融机构外，皇家钱庄持有所有与包税制和行省垄断有关的契约，这些契约加上与其有关的账户，为向承包商和官员提出法律索赔提供了依据。皇家钱庄设在亚历山大和古希腊城邦以外的领土的首府，而在一些较大的村庄则设有附属分部。这些分部要么是钱庄，要么是简单的税务所，在一些情况下，从公元前3世纪中期开始，这些分部可能与当地财政部门合作，以证明当前货币的有效性。

　　在托勒密二世统治时期，随着铜币铸造规模的扩大，货币兑换的频率也随之增加。这种兑换对于钱庄出售的价值较高的钱币收取约10%的税捐。收费由另一家钱庄执行，该钱庄有权收取费用，因此被确定为垄断企业。但是，垄断钱庄很快就从记录中消失了，这一发展似乎与银币在公元前230年从古希腊城邦以外的领土消失有关。从公元前3世纪末开始，所谓的货币兑换钱庄出现了，其利润不是由国家垄断的。这些货币兑换钱庄很可能是私人钱庄的前身，公元前1世纪，奥克西林克斯行省首次用这个名字证明了我们的猜测。

　　这两种类型的钱庄虽然都不是税务所，但都吸收个人存款。账户持有人可以以书面形式通知钱庄主向第三方付款或接受第三方付款。然而，到目前为止，还没有证据表明资金从一个账户直接转入另一个账户，或在不同钱庄的账户之间进行转账。皇家钱庄庄主们似乎能够在一个账户支出下抵销另一个账户的款项，从而实现在账户之间转移资金。但这样的例子也只存在于和皇家存款有关的交易中，并不是一个正常的程序。皇家钱庄庄主也向个人放债，但例子很少，而且都与阿波罗尼斯行省财政大臣的相关交易有关，他们可能享有特权。

尽管我们对托勒密钱庄的了解相对较多，但许多细节仍不清楚。首先，我们对皇家钱庄和垄断钱庄之间的确切关系不清楚，这不只是因为涉及其关系的《税收法》部分不完整。原则上，皇家钱庄庄主在财政大臣或财务管理官的指示下负责制定规则，垄断钱庄负责收取货币兑换费，但实际上其业务有重叠。皇家钱庄和垄断钱庄都为个人客户储蓄私人存款与执行付款，但是没有物质担保的贷款只与皇家钱庄有关，并且只在垄断钱庄典当。我们也不可能因此就推断说这两种钱庄通常是在同一个村庄或城镇设立的。但这种情况确实存在，因为行政当局通常设在有宗教意义和商业价值的城镇。这一点在法尤姆封地的证据最充分，该地区确实有一个皇家钱庄和一个垄断钱庄。

然而，皇家钱庄与行省金融管理机构之间的关系就不清楚了。位于行省首府的皇家钱庄是该省财库，皇家钱庄庄主隶属于财务管理官，财务管理官又隶属于亚历山大的财政大臣。正如伯格尔特提到的一个令人信服的证据，亚历山大没有设立中央钱庄来指示各行省钱庄，因此没有独立于行省的钱庄等级制度。然而，对于钱庄与政府之间的关系是如何在较低等级发挥作用的，我们目前尚不清楚。在古希腊城邦以外的领土上，钱庄主一方面从属于城市的大钱庄主并对其负责，另一方面又必须与地方城镇和古希腊城邦以外的领土的行政当局合作。我们换个说法来问，行省钱庄与地方财政之间的关系是怎样的？

最后，还有一个重要的问题，就是钱庄主贷款的基础。这些临时垫款是给在皇家经济部门工作的官员，还是像私人债权人那样，根据契约发放适当的贷款？皇家钱庄主提供贷款是作为私人业务的副业，还是作为其领薪官员工作的一部分？他们有没有把个人账户的存款或税款也借出去？他们是否可能只是在借款人与本地债权人之间调停贷款？此外，我们还要考虑泽农档案中证明的贷款是否代表更广泛的群体。

接下来的两章从这样一个假设开始：埃及的钱庄业逐渐发展成为一个制度化过程。即使在公元前3世纪，钱庄也是以钱庄主为中心的，钱庄主遵循的是具体的指示而不是一般的政策。钱庄的地理分布在不断变化，与驻地结构和货币税收密切相关，同时在公元前3世纪钱庄也仍在持续巩固中。从托勒密二世统治后期建立的财政部门可以看出，钱庄业务本身正在发展，当时频繁的货币交易在当地钱庄主中间造成了相当大的混乱。考虑到钱庄业务的逐步发展，我们必须对交易程序加以灵活处理。因此，私人存款和皇家存款的地位可能并不明确区分，因为官方和个人账目之间的界限是不稳定的。从上文可以看出，国家官员是在一般债务法的范围内进行操作的，因此，其处理皇家钱币与处理其他客户钱币会产生同样的法律后果。此外，贷款似乎是钱庄主和借款人之间的人际协议问题。如果这种交易与税收有关，则只是在纳税年度后期与临时税收抵免。然而，如果这些资金用于其他交易，那么钱庄主很可能会确定钱庄中是否有足够的资金在期限内支付贷款。

鉴于偏远的古希腊城邦以外的领土的现金供应可能普遍有限，以及钱庄作为信贷机构并无常规可遵循，钱庄的主要经济职能是保证行省行政当局的货币供应和执行个人客户的交易。这两项活动都对钱币的流通产生了相当大的影响，因为货币化主要取决于行省行政当局的流动性和私人雇佣的支付结构。其他活动，如核证钱币和控制货币之间的关系，对钱币的流通也同样重要，因为只有交易中存在信任，私人交易才能接受这种交易安排，并在一段时间内借入借出。

第一章　钱庄与货币供应

本章旨在说明皇家钱庄在行省经济和地方税款使用中的重要性。本章回顾了公元前 3 世纪埃及古希腊城邦以外的领土地区钱庄的地理分布，得出的结论看上去不足为奇，即法尤姆地区钱庄密度各不相同：埃及中部和三角洲地区与上埃及地区钱庄密度分别处于两个极端。然而也可以说，钱庄的不同分布并不一定是货币化不均衡的反映，而是反映了托勒密时期埃及不同地区的不同管理原则和财政参与程度。

除了收取和支付现金税收外，皇家钱庄对于行省来讲最重要的职能是增加地方政府的货币供应。首先，政府在本财政年度内，每隔一段时间，便会平衡收税人与税款包收人的账目，这样，政府便可动用该年度该部分的全部保证税款，而无须等待每年的结余。其次，在当地用于薪金、军事、交通、宴会和公共工作的那部分税款在发放前，可以及时从当地税收收入中扣除。政府的薪金和工资甚至可以从资助人的税务负担中抵销。由于这些钱款是分别记入不同账户的，因此可以在一家钱庄的公共账户之间转账，尽管这不是正当意义上的转账。最重要的是，地方行政当局与钱庄联合，可以使用货币作为付款的结算单位，从而扩大货币供应，虽然这样的做法不能说很普遍，但至少在特殊情况下是可以采取的措施。

钱庄分布

钱庄的分布和分布稠密度可以告诉我们，在当地货币经济中这些机构的作用和意义。税法区分了城市和古希腊城邦以外的领土的皇家钱庄，即行省中心和外地其他地方。但这一部分没有揭示哪些古希腊城邦以外的领土有钱庄，以及钱庄之间的等级是如何组织的。古希腊城邦以外的领土和小城镇的钱庄严格服从于行省首府的中央钱庄，并定期转移它们在当地开支中的剩余资金，此外，伯格尔特还提供了材料，以经过证实的钱庄为证据对《税收法》的一般陈述加以验证。克莱瑞斯和汤普森最近对法尤姆地区的行政结构以及曼宁和穆和思对底比斯的行政结构所做的分析，有助于人们对埃及不同地区的钱庄证据与行政制度进行一些比较。

然而，必须指出的是，在托勒密时期，甚至在公元前 3 世纪，皇家钱庄的分布都不是固定不变的。由于托勒密政府在法尤姆至少一直发展到公元前 230 年，在上埃及的时间要更长，钱庄的分布也在不断变化。克莱瑞斯和汤普森指出，一致性和标准化对托勒密政府来说并不是优先考虑的，因此，若将实际模式假设为一个明确的制度，就会产生误导的结论。

对垄断钱庄与皇家钱庄作出区分比较困难。古希腊城邦以外的领土上的皇家钱庄和垄断钱庄在资料中通常都被称为"银行"。在大多数情况下，这种区分基于钱庄在文献记录中所执行的交易类型。然而，由于两家钱庄获准开展的业务范围仍然是假设性的，因此区分并非总是如此可靠。如果一个钱庄处理税收和皇家收入，通常可以肯定皇家钱庄或税务所参与其中。此外，有些钱庄主是通过多种途径为人所知的，因此可以被确定为这两种钱庄主之一。然而，尽管垄断钱庄是兑换费的唯一受益者，但却不是唯一的兑换货币机构。

此外，伯格尔特认为，所有作为典当经纪人的钱庄主都是得到许可的钱庄主，因为没有证据表明皇家钱庄以贵重物品做抵押。但这一假设是基于一份文献记录（PCZ III 59327），可能单纯一条文献记录并不能代表一般规则。如果我们假设除了《税收法》所规定的服务外，钱庄主提供的金融服务实际上更加灵活，那么实际上就更加增添了区分的难度。现在如果我们撇开所有模棱两可的证据，在公元前 3 世纪，唯一明确无误的持牌钱庄的例子就是菲拉德尔福斯钱庄。该钱庄由阿特米多若斯在公元前 256 年至公元前 251 年经营，公元前 243 年由德米亚斯出资收购。

那些已经在文献中记载下来并有交易记录的钱庄会告诉我们一些真相，我们对托勒密社会有充分记载的方面了解得仍过于零碎，但并不是不可能揭示出某种潜在模式。

三角洲地区钱庄稀缺仅仅是因为在该地区所能发现的史料和实物证

据不足。只有当泽农和阿波罗尼奥斯的信件恰好涉及三角洲一个城镇的钱庄主时，这里的钱庄才会得到账本的证实。相比之下，底比斯的大多数钱庄在公元前1世纪之前都没有出现，这很可能不仅仅是因为证据不足这一偶然现象。虽然上埃及的莎草纸数量在托勒密后期有所增加，但托勒密人也试图在公元前2世纪对该地区进行更严密的控制。根据《税收法》，在公元前3世纪的大部分时间里，尽管有行政区划，但底比斯仍被视为一个单一存在的行政单位。

然而，根据涉及埃德夫捐赠的文献文本，到了1世纪，这一地区被划分为四个区域，而范特达克则根据托勒密时期公职人员的头衔确定了十个行省区域。因此，托勒密时代后期在底比斯的皇家钱庄的证据越来越多，可能代表着行政结构的变化，也代表着不断变化的记录方式。另一个引人注目的特点是底比斯没有垄断钱庄。这也可能是由于缺乏关于公元前3世纪上埃及日常金融业务的信息，但也可能是因为这里没有实行货币兑换与皇家钱庄的体制分离。在法尤姆地区得到证实的钱庄数量也很特殊，而且事实上很可能并非偶然。法尤姆不仅面积特别大，而且人口众多，城市化程度也很高，希腊定居者占很大比例。这里的钱庄数目越多，可能反映了政府控制的人口数量越多，说明国家在这一领域的财政参与程度越高，或者仅仅是以征税为目的的行省划分越细。

然而，在原则上，每个城市都应该设立了一个中央皇家钱庄分支，并在每个税务区设立分行或税务所加以补充。托勒密王朝将托帕其税务区引入行政系统，在埃及中部和下部形成了一个行省分支。《税收法》和著名的 P. Tebt. III. I703 中一封给法尤姆地方行政长官的建议信都证明了这种机制在税收过程中的重要性。在《税收法》中，托帕其税务总长是王室法令的收件人，就像行省省长一样，托帕其税务区是进行税收审计工作的一个初级区域。

与各个村庄的协商成为潜在困难和阻力，但通过托帕其税务区，这变成了一个简单的任务。在托帕其税务区，补赤字由官方和税款包收人向钱庄支付未收农产品的货币补偿。

经核证的钱庄名单并不与这一建议相矛盾，尽管钱庄体系不够完善，我们还不能基于目前的发现进行相关的确认。在赫拉克利奥波利特行省，到公元前 2 世纪末，已知有 9 个托帕其税务区，其中 3 个有中心钱庄。在公元前 3 世纪，奥克西林克斯行省有 4 个托帕其税务区，托尔蒂斯与奥克西林克斯是其中的两个中心。

在底比斯，钱庄的分布情况是不同的。尽管有大量的希腊语及古埃及通俗文字记录了该地区钱庄的交易情况，但很少提到重要城市以外的钱庄，甚至在托勒密时期也是如此。只有在埃德夫附近的阿斯诺伊行省才有另外一家钱庄，但这个镇是托勒密二世统治下的一个新城，以容纳不断到来的希腊定居者。皇家钱庄是在这里设立的，就像在埃及象岛一样，因为民用和军事项目开工，随之而来的是希腊移民的出现。在底比斯和埃及象岛之间的埃及南部，人口密度与三角洲、孟斐斯、阿斯诺特、赫拉克利奥波利特一样稠密，在这种背景下，底比斯钱庄在数量上相对稀缺。此外，国家在税收货币化方面投入的精力似乎没有显著差异。因此，决定埃及不同地区钱庄数目的是行政机构，而不是现金税收的数额。

在底比斯，托勒密并没有像埃及其他地方那样实行行省结构。托勒密官员负责该地区行政区划的事务，但行政单位既不与托勒密以前的行省并列，也不是每个城市都配备了一个完整的皇家行政机构。有人认为，这可能是埃及行省之间经济和社会联系紧密的结果，这种联系至少可以追溯到拉米赛德时期。此外，还设立了巴赫斯办公室负责整个底比斯的关税。所有这一切都验证了我们之前的观察结果，也就是说，一个钱庄主是不同地区几家钱庄的负责人，而在公元前 3 世纪，只有一家中央钱庄是设在底比斯这个地方的。

此外，相关的文献记载也建议庙宇以征税为目的组建皇家钱庄。底比斯的高级官员欧弗罗尼奥斯要求他的下属麦伦从"众神庙的钱庄主们"那里获得了一个详细的清单，列出了每年每人的分月现金支出，以及从粮店监督员那里获得了一份实物支付清单。"庙宇的钱庄主"办公室和"庙宇的执行官"办公室在埃及的其他地方都没有得到证实。范特达克认为，执行官只是被派往埃及各地管理当地庙宇事务的书记的另一个职衔名称而已。相比之下，克莱瑞斯则认为，这一执政官是在国家或庙宇负有债务时临时任命的官员。

如何理解"庙宇钱庄主"这一称呼的内涵与我们研究的课题相关，但也是一个相对独立的问题。威尔肯认为，在底比斯，钱庄往往设在庙宇区，而不是独立地设在村镇，因为这样更安全。这与公元前3世纪底比斯钱庄名称中省略"皇家"一词以及麦伦在工作时遭受的民众暴力的事实很吻合。最重要的是，范多普和曼宁指出，底比斯的主要庙宇比下埃及的庙宇拥有更大的财权和对土地与人民的控制权。此外，在底比斯，政府与庙宇之间不仅存在敌意和竞争，而且在公元前3世纪的大部分时间里，政府与庙宇之间也存在合作和相互支持。因此，庙宇在财政上具有更大独立性，再加上托勒密时期将庙宇的权力逐步纳入其行政机构，似乎解释了底比斯钱庄与庙宇之间的关联性。

法尤姆的情况也是一个特例。这一地区又分为三个分区，分别称为赫拉克利德斯、泼曼梅里斯和提米斯托斯，以第一批负责它们的官员的名字命名。每个分区都有自己的行政中心，法尤姆省的首府——克罗科迪奥波利斯则成为赫拉克利德斯分区的中心。每个分区都会有一个财务管理官，提米斯托斯就证明了这一点。相应地，行省作为一个整体没有一个中央钱庄，但每个分区都有一个中央钱庄。因此，我们清楚地了解到泼曼梅里斯这个地方是有钱庄设立的，而托勒密早期的人口担保契约表明，提米斯托斯这个地方也曾经设立过一个中央钱庄。在赫拉克利德斯，中央钱庄设在克罗科迪奥波利斯。

法尤姆在公元前230年以前还没有建立起托帕其税务区，在那之后才出现规模和功能类似于托帕其税务区的分支。正如克莱瑞斯和汤普森在著作中所指出的，这种划分或税区由若干较小的税区组成，这些税区又由若干城镇和村庄组成。税务登记册表明，一个税区有四个至五个分区，每个分区有两个税区，整个阿斯诺伊行省有六个税区。

如果我们将这一结构与皇家钱庄在法尤姆的分布情况进行比较，就会发现，这里的钱庄数量明显超过了该行省税区和托帕其税务区该有的数量。虽然我们对属于一个税区的村庄的了解与拥有钱庄的村庄的了解并不一致，但可以肯定的是，地方分支存在于托帕其税务区等级之下。

阿斯诺伊行省和菲拉德尔福斯行省在公元前 3 世纪各有一个皇家钱庄，属于同一税区，后来成为赫拉克利德斯分区的托帕其税务区。由于这两所钱庄在同一时期得到文献证实，因而这便是拥有两个以上钱庄的托帕其税务区的一个实例。此外，泼曼梅里斯被划分为两个税区，可能与该区域的地理划分相对应，西部为加兰克盆地，东部为图屯盆地。马戈多拉位于西部盆地，太伯塔尼斯与奥克斯林察位于东部盆地。后两个村庄同时有一个皇家钱庄，穆奇斯则与奥克斯林察同属一个税区，确切地点不详。因此，泼曼梅里斯的一个税区至少有三个皇家钱庄。在提米斯托斯行省则没有几个值得一提的皇家钱庄。在托勒密时期，人们只知道西德尔菲亚地区的一家钱庄，而伯格尔特在研究中则重构了西德尔菲亚以东约 10 公里处菲洛特里斯的另一家钱庄。

在托帕其税务区之下有 6 个分支税区——一种规模较小的税收区域单位，每个都包含由大约 2000 名成年纳税人组成的 2 个至 7 个村庄。根据克莱瑞斯和汤普森的说法，将几个村庄分成税区与一个官方收税官能控制多少人有关。对我们来说重要的是，阿斯诺伊行省和费拉德尔菲亚当时都是税务区的中心，这两个城市都有皇家钱庄。因此我们可以假定，在法尤姆，不仅在每个托帕其税务区中都有分支，而且在一些或所有税收地区也有分支。最明显的解释是，这个行省有更多的纳税人，因此也就有更多的钱庄。

然而，在埃及中部，属于一个托帕其税务区的人数似乎相当平均，包括法尤姆和其他行省。公元前 243 年至公元前 217 年的两个盐税登记册列出了两个法尤姆税区的大约 10500 名成年人，第三个税区位于赫拉克利奥波利特省。因此，仅人口规模不太可能是法尤姆的钱庄多于其他地区的原因，也可能是因为不同的税收原则，或更多的地方支出需要更多的钱庄。我们在上面看到，在底比斯，希腊移民定居的城镇建立了更多的钱庄。我们可以把钱庄与埃及不同地区、不同程度的货币流通联系起来，而且也可以从另一个方面去考虑问题，在更广泛的范围内，钱庄的分布很可能与托勒密王朝在一个地区的财政参与程度有关。在底比斯，庙宇在土地和劳工的行政与管理方面发挥着重要作用，而且在公元前3世纪驻扎在那里的军事人员较少，钱庄分布很稀疏。相比之下，在法尤姆地区，由于托勒密人在该地区的大量投资，钱庄密度超过了周围行省。这表明，钱庄在当地的作用不仅仅是储蓄，而是在税收款项征收上来之后以及税收转移至首府之前这个时间段内有更复杂的经济职能。

行省经济中的钱庄

考虑到钱庄的地理分布和密度，我们可以更仔细地研究钱庄在行省经济中的作用。现金以及结算方面的专业处理对托勒密的经济起到了润滑剂的作用，特纳早前就提出了这一论点。但这指的是税款包收人在整个商业操作中的金融职能，在特纳提出的解释模型中，税款包收人将一种动态因素引入关于行省行政的征税过程。我则对政府当局本身的结算程序，以及这些程序在多大程度上增加了该省的流动性更感兴趣。钱庄储存了所有税款，管理了税款包收人、收税人和财务管理官的税务账户，以及保证人的账户、契约和抵押贷款，这对于控制收税过程和将税款债务转化为现款至关重要。

必须再次强调的是，国家原则上在任何时候都不允许收税官私自储存税款。任何税收现金，无论是全额付款还是部分付款，都是必须在最短时间内分批次交付给钱庄。我们在上一节中看到，财务管理官收到指示，必须定期审计村庄和地方政府的税收，一旦出现赤字就立即予以平衡。税法第一部分更详细地论述了在征税年度平衡账户余额的要求。然而，与太伯塔尼斯地区莎草纸条例不同的是，税法涉及征税过程中的另外一个层次，即在行省和分区中央钱庄进行的审计。原则上，所有税款都是按地区和托帕其税务区征收的，但账户和资金在短时间内汇聚在账户中，并转移到中央钱庄。收税官，甚至纳税人似乎都得到默许，可以部分付款给不同的人，即不同的收税官、地方钱庄主、他的下属，或直接付给中央钱庄。因此，需要对各种账户进行核对和汇总，以了解所征收税款的全貌。

在本财政年度的每个月底，收税人、税款包收人和担保人的账户都必须是平衡的。必须指出，钱庄在一个地区的某一特定税项上有几种账户。收税人和当地钱庄主的账目载有纳税人的实际存款，而税款包收人和担保人的账目似乎首先具有控制的目的。然而，如下文所述，一些资金似乎已从他们的账户转移到钱庄账户。所以这些已经转移的资金必然包含一部分实际存款。这里顺便提一下，审计应与服务于国王的财政税收调查方式相同，审计对象包括其本人的所有货币收入，葡萄园果实税除外。

这一段将每个月视为结算单位。任何盈余或赤字应在当月结束时从余额中抵销，但不应在各方反复核实验证账目的收款月份仍在运行时抵销。不允许收税人拿走任何计入税款包收人账户的钱来弥补他们自己账户上的赤字，必须等到下个月，届时迟缴的税款可能已经弥补了赤字。

下一段就不那么清楚了，因为有些文字遗漏了，而且令人惊讶的是，保证人在纳税年度还在进行时，似乎是盈余资金的接受者。除了问题之外，很明显，如果上个月出现赤字，下个月出现盈余，但财务管理官将盈余计入其自己的账户，其就必须将盈余退还给上个月的收税人账户；如果盈余过于庞大以致超过税款包收人担保的每月款额，其就不得不把多余的部分计入担保人的账户，而不是留给自己。但是，如果税款包收人账户再次出现赤字，其在法律上有执行账户的权利，即强制担保人偿还盈余借出方的债务。

在这些烦琐的内容背后，有一个简单的逻辑和通行做法，就是确保财政部门每个月都能收到预期的税额，尽管在实际过程中收税人、税款包收人和财务管理官都在争夺所收的任何盈余。人们接受了这一建议，并确实期望在税款包收人保证的数额之外收取盈余，因为这是一种鼓励措施，税款包收人和官员有动力使征收过程最有效率。鉴于地方税收的不确定性，国家的目标是实现固定和可预测的月收入，而不是原则上可以实现的收入最大化。

为皇室税收规定的细则与葡萄园果实税的条例形成鲜明对比，葡萄园果实税适用范围不同。

葡萄园果实税在扣除了官员、雇员和军事人员的分配费用，并支付了运输和供应容器的费用之后，可以用于神庙资助阿斯诺伊行省宗教活动。与此形成对照的是，在行省政府征收的收入中有很大一部分花在了该省。这很可能特别适用于查柯铜币支付的税款。由于官方免除了兑换银币的税捐，因此不太可能把硬币兑换成贵金属钱币。考虑到极其庞大的铜币运输成本，亚历山大为财政部设计的税收体系很可能是以银币征收的。从托勒密二世开始，盐税以及两个最大垄断行业——啤酒税和油产品税都是以铜币征收的。

税务年度内的定期账户余额有几个功能。首先，这是行省下属部门向中央钱庄转移税款过程中的一部分。其次，必须进行短期审计，以便在年初发现问题。最后，也是最重要的，他们定期向地方行政当局提供现金。由于定期比较收税人、税款包收人和担保人之间的账目，一年中的一小部分保证的税款全额立即提供给财务管理官，并可在整个纳税年度结束前使用。相对及时的税款，大大增加了政府的流动资金，因而加快了钱币的流通速度。

鉴于国内市场上的钱币流通已经很大程度上受到了来自外国铸币的侵袭，皇家条例的颁布旨在规制这种货币入侵。

相比之下，在省级管理部门中，很少有现金可以闲置在当地钱庄的账户上。

地方结算

各省的钱庄存款包括税收和垄断收入、王室土地的现金租金、出售皇家产品所得收入、祭司会费、罚金和不定期支付给国王的款项。国家雇员的工资和差旅费、交通费、公共工程费用、地方军队费用、购买额外谷物的费用、祭祀活动和非正规费用从这些存款中支付。此外，钱庄支付并收回了农业劳力工资。

纳税人、收税人和垄断商业通过钱庄可以使现金迅速转移至行省，支出资金也很迅速，有时只是作为一种结算程序使用。这里我感兴趣的是货币的无现金流通方式，以及税收和收入在当地的投资使用。例如，如果财务管理官没有向种植者支付运载需要缴税的葡萄酒的容器的现金价格，则允许纳税人从其付款中扣除这些费用。此外，国家承包商在契约期内发生的费用，则从他们向钱庄支付的款项中扣除。

地方财政的本质再一次通过公共工程的契约得到说明，这份契约保存在公元前 245 年之后的记录中。该契约属于工程师克里昂的继任者塞奥佐罗斯的档案，其中规定，一旦契约盖章，行省官员必须从油产品税的收入中支付挖掘工作的资金的一半。另一半应在第一笔款项付清后立即支付。但是，如果这些官员未能收到所需的数量，在付给承包者时没有收到所需的款额，他们就必须按要求支付，并处以 50% 的金额罚款。因此，油产品税的一部分可以用于当地用途。此外，如果这笔钱不在账户中，则可以分次向负责官员索要。分配给该项目的资金不是来自一般预算，而是与持有当期收入产生资金的特定账户有关。此外，如果收入没有达到预期目标，主管官员个人应对支付款项和罚款负责。

收入和支出与特定账户的具体联系是值得我们花更多精力研究的。尽管挖掘工作和其他行省支出与油料垄断无关，但油产品税账户可以作为项目的资金来源。警察的工资不是用一般国库里的钱支付的，也不是全部从保安税的账户中支付的，而是部分通过免除警察的盐税来实现的。从拨给油料作物种植者的贷款中扣除的运费或种子费并不留在皇家账户中，而是转入属于油料垄断负责人的另一个账户。

以特定收入或支出的名义或以个人的名义登记账户是一种重要的跟踪手段。这一手段还有助于确定具体负责官员的责任和实施问责制。皇家收入的所有地方账户原则上都属于国王，但更具体地说，是以存入或支取账户里面资金的登记户头名称来确定的。例如，有一些指示性文字，如支付保卫税的收据，或从账户中"分配给士兵"，或"为此目的而支出"，或者以官员的名义开立账户，但这并不意味着这些是他们的私人账户。

结 论

古希腊城邦以外的领土地区所设立的皇家钱庄对货币经济至关重要，因为货币经济的运作依赖于有限和不均衡的现金供应。通过记录在不同地点支付的小额和不规则的部分税款，以及保存所有与国家收入有关的契约，他们控制了征税过程，并确保行政当局定期获得预期数额的资金收入。此外，他们还充当地方政府的货币储备，为薪金、工资、粮食收购、祭祀活动、宴会、堤防系统维修等提供资金。直接将税款用于当地目的，并在特殊情况下抵消纳税人的纳税义务，加快了钱币的流通。地方税款的使用集中于盐税和油产品税的收入，因此证实了以铜币征收的税款原则上是大家都认为的仍属于各行省的假设。

钱庄以官员或国王的名义为特定目的开立税收账户。我曾说过，这个结算体系结构与财政制度有关，这个制度是没有预算的，但官员须为他们负责的收支承担个人责任。这就消除了托勒密钱庄业所采用的官方账户和私人账户之间的区别。我们还看到，钱庄作为公证处的职能远远超出了其履行契约的职能。指定账户和收据作为正式法律文件，与这些契约一起，用来免除行政人员和个人对国家的纳税义务。

第二章　钱庄与商业

托勒密王朝建立了钱庄作为国库，用于征税和货币兑换。但是，埃及大多数由国家出台的指导性规定都具有双重约束作用，允许一些私营商业同时参与从国家商业行为中转移出来的一些业务，对于那些没有直接皇室行政管理身份的客户来说，钱庄为他们开设个人账户并向他们提供相应的金融服务。

小城镇和古希腊城邦以外的领土上的钱庄机构在希腊世界是一个新生事物。它们为农村地区的现金交易提供了安全和便利。钱币鉴定人员在这个地方的分支机构可以对钱币真伪进行鉴别，借以增加人们对铸币的信任。由于政治原因，铸币形式经常发生变化。作为个人账户的管理人，钱庄通过书面命令付款，是工资和租金付款成功货币化的一个重要先决条件，因为从此以后，钱庄可以在雇主或地主不在场的情况下进行金融交易。书面付款委托书还为货币付款提供了额外的担保，因为这些付款委托书与收据都是可依法强制执行的法律文书。

古希腊城邦以外的领土地区的市场交换仍然是分散的，而巡回代理人弥补了商品货物信息供求方面的差距。此外，税法关于油料在行省中分配的规定表明，亚历山大和主要产区的供应不是委托给市场机制，而是由行政当局管理的。营利性企业不仅与市场相联系，而且在土地管理和税收征管中占有一席之地。商业和金融业务缺乏机会的一个明确指标是，放贷和其他金融活动并未达到一定的频率，因为当时并未出现土地财富竞争，也没有明显的集中反映在遗嘱中的财富标志。所有这些加在一起给人的印象是，埃及及其属地地区的大规模商业经济依赖于少数几个与亚历山大和皇室有直接联系的重要角色，包括国王本人，而不是依赖于广大的农村生产者和金融从业者。

因此，本地钱庄不太可能发展成为主要的信贷机构。这个时期的垄断钱庄主要还是从事定期货币兑换的业务，而皇家钱庄主并不依赖于个人账户持有人的账户收入。他们用现金支付账户外的款项，虽然有贷款业务，但只在例外情况下才批准。托勒密时期的钱庄业务从未受到特别法律的保护，这一点似乎也得到了文献资料的证实。此外，在众多钱庄主中皇家钱庄主的社会地位最高，可以与地方高级官员相媲美，但是垄断钱庄主和埃及的其他希腊人相比并没有什么特殊的地位可言。

个人客户

根据伯格尔特的说法，皇家钱庄和有执照的钱庄都开设了私人账户，用于存钱以及付款和收款。然而，区分私人账户和公共账户并不容易。我在前一章中曾说过，官员们像国王的代理人一样处理皇家的钱财，也就是说，他们对自己掌管的财政负有个人责任。此外，泽农和克莱昂等将他们的薪金和业务与公务混为一谈，使他们的个人资产与代表财政大臣持有的资产相互交织，实际情况可能更为复杂。

鉴于公务和个人事务的相互依存，绝对区分私人账户和公共账户是有问题的。举例来说，如果财务管理官阿蒙诺斯建议奥克斯林克斯地区的皇家钱庄主，从其账户中支付 540 德拉克马铜币购买两头白牛，这并不意味着这是其私人业务，该账户也不是其私人账户。同样，泽农在公元前 258 年 7 月付给迪奥斯波利斯皇家钱庄的款项可能不仅仅是他的私人财产，这项业务至少是与大型封土领地的金融业务有关。有些账户是属于国王的，只不过以个人名义进行经营。这些账户记录着不同种类的负债，但不能简单将其区分为皇家钱庄中的私人资金和皇家资金两部分。

阿特里比斯、泽农和他的一名代理人之间的一系列书信往来是很好的例证，证明了个人和公务以及与之相关的存款之间的重叠与相互交织。这里描述的事务在许多方面都是有指导意义的，值得仔细考虑。公元前257年，与泽农和阿波罗尼斯一起在三角洲旅行的代理人塞奥佐罗斯向阿特里比斯的皇家钱庄主阿蒙诺斯索取一笔2000德拉克马的款项用于购买几头驴。由于军事财政大臣安提奥克斯刚刚也到过这个钱庄，需要借钱购买口粮，阿蒙诺斯无法获得全部款项。泽农通过他的代理人又寄了一封信，这次是寄给皮东，他是一家下属钱庄的负责人，可能负责阿特里比斯的税务所。皮东尽一切努力把剩下的钱东拼西凑起来，一部分是银币，另一部分是铜币，但反过来又请求帮助。阿波罗尼斯的家庭成员、塞奥佐罗斯的兄弟阿明塔斯写了一封信，信中讲述了关于他工资支付的问题。阿波罗尼斯将优先处理这封信。塞奥佐罗斯赞同这一请求，再次强调了在现金严重短缺的情况下，要获得资金支持可能遇到的困难。

毫无疑问，泽农所要求的2000德拉克马是一笔贷款，而不是账外付款。阿蒙诺斯虽然表示歉意，但并不需要为他无法满足要求进行多余的辩解，而皮东则帮了他一个忙。如果泽农下令不记账付款，那将会更加令人尴尬，如果钱庄主不能支付这笔钱，那将是对信任的破坏，实际上等于盗用存款。相反，在某些情况下使用账户上客户的存款也应该是可以的，否则安提奥克斯就不可能清空钱庄账目上的所有款项来应对不时之需，因为那些账户是其他人的个人存款。就皮东而言，他最终得到的剩下的1000德拉克马不太可能是从个人账户中获得的。因为即使他是分支税务所的长官，也不可能控制这些存款。他要么借了税款，要么更可能是利用他在阿特里比斯的关系网从其他渠道弄到的钱。

此外，贷款是以阿波罗尼斯的名义发放的，尽管泽农是通过他的经纪人来执行这个命令的。因为阿波罗尼斯才是对方写信来求助的人，写信给他的人自称是彼此有过恩惠，所以才要求在这次得到一些回馈性质的帮忙。关于这一业务的性质我们无须做更多的讨论。信中提到的购买驴只可能是为了严格的公务目的而使用，或者阿波罗尼斯可能是为了一些私人事务需要它们，或者两者兼而有之。这也可能涉及泽农的利益。在处理其他事务的同时为个人交易寻找利益，这种做法在莎草纸上得到了很好的证明，也似乎得到了默许。在同一时期的一封信中，阿波罗尼斯亚历山大家族的代理人阿特米多若斯告诉泽农，他收到了一船给阿波罗尼斯的小麦和大麦，但其中一部分属于同一家族的成员阿明塔斯和塞奥佐罗斯。由于没有意识到这一事实，他支付了全额运费。在这里，和在许多其他情况下一样，个人利用其基础设施从事个人业务。从皇家钱庄获得的贷款可能只限于一定范围内的客户的交易，但这些客户及其代理人有机会利用他们的地位并利用他们的特权达到个人目的。这样，除了某些个人业务的半官方性质外，官方和私人账户持有人的权利就不能完全分开。

泽农与阿特里比斯钱庄主之间的信件往来还有其他方面值得关注。首先，皇家钱庄主之间进行了合作。一旦阿蒙诺斯无法提供全部贷款，泽农就求助于皮东来获得其余款项。皮东也解释说，他之所以预付这笔钱是因为阿蒙诺斯无法做到这一点。一个城镇的皇家钱庄代理人通过自己的私人关系和上下级关系能够比较容易地为客户争取到资金。再有，泽农提出的资金要求在钱庄主那里看起来是与安提奥克斯的求助在同一重要性等级之上的，后者需要借钱补充给养。我们没有发现任何迹象表明这两项请求在优先程度上有所不同，得到借款的原因可能单纯是因为先来后到。阿蒙诺斯和皮东尽管也曾被安提奥克斯逼得走投无路，他们两个还是能周旋于各种钱庄之间得到一些资助。至于当地钱庄主如何分配资金或如何对待不同类型的客户，似乎没有任何官方规定可以参考。

货币分配的随意性在这里非常明显。皮东与阿波罗尼斯的家庭有着个人联系是不争的事实，在这里也是一个偶然的巧合因素。阿明塔斯和塞奥佐罗斯不仅是兄弟，而且阿明塔斯还亲自书写了那封求助信，为皮东支付工资筹措资金四处奔走。从整个事件来看，钱庄主、客户和代理人之间似乎是朋友关系，也像是君子协议。因此，在某种程度上，皮东之所以愿意贷款给泽农，可能是因为他与阿波罗尼斯手下的工作人员之间的私人关系，而并非出于官方交易的考虑。

钱庄主贷款

虽然钱庄主的贷款至少是为某些人提供的，但其经济意义并不能轻易高估。除了刚才提到的贷款外，我们现在能够找到另外一个证据是一个在商业背景下得到证实的案例，还有一个贷款案例则与阿波罗尼斯在孟斐斯地区物业田产的税收有关。

钱庄似乎一直控制着有限的现金资源，对于某一个时间内可以得到的现金数额来说受到了某种程度上的限制。安提奥克斯和泽农在阿特里比斯的资金请求都是在财政年度开始时的时候提出的，当地钱庄的税款可能并不多。现金短缺对钱庄来说可能是季节性问题，也可能是一般性问题，但无疑限制了钱庄作为信贷机构的能力。地方的钱庄需要向皇室或者外地有需求的渠道提供现金支持，这个任务的压力巨大，与个人手头缺少现金一样，钱庄有的时候也会因为无法获得可靠的现金存款而不能提供贷款。

支付方式管理

与提供贷款相比，钱庄更经常在商业和管理中提供更便捷的付款方式，例如发放工资、收取租金和其他付款，以及将资金从一个地方转移到另一个地方。特别重要的是，履行劳力租赁契约要通过钱庄并依照租赁契约付款。在这些契约中，长期工人或季节性工人的工资往往从钱庄账户中支取，而不是直接由雇主支付。比如一些垄断行业的情况是，钱庄往往作为契约各方的中间人，为了促进双方使用劳力租赁契约和货币租赁契约进行财务管理与控制，特别是当契约中涉及在不同地点工作的情况，或者出现预付款和不同种类的其他付款需求的时候。钱庄的另一个重要职能是以书面付款凭证的方式为账户持有人执行金融交易，即在账户持有人不在场的情况下进行付款和收款。虽然个人之间的付款也可以通过书面票据执行，但遍布全国的钱庄可以通过提供不同的支付方式来为商业和其他巡回代理人的工作提供极大的便利。

在公元前 3 世纪上叶，书面付款委托书采用一式两份的票据形式执行，其中上半部分包含确认书的文字被卷起来并盖上印章。从托勒密三

147

世开始，单一的付款委托书成为标准的做法。有时指定付款的账户，表明该付款指令只与钱庄持有的账户有关。付款委托书是以私人信件的形式书写的，带有开头的称呼和结尾格式，必须按照规定的范例要求书写。

钱庄主接受了书面付款凭证所支付的款项，承认其拥有这笔钱，因此，如果钱不是其个人的，其应对由此产生的债务负责。鉴于这种情况，钱庄主不得不要求提供收款的正式收据，这些要求必须明示。一些现存的支付银钱的票据上带有钱庄主的签名，这表明收讫双方之间的票据代表了钱庄主与客户之间关系的规制，而不是付款人和收款人之间的关系。但是，假如收款人是匿名的，这时就没办法对收款人进行外形描述以证明其身份了。因此，付款单据的开具是基于所涉各方的亲密关系程度，而不是像支票一样是受法律保护的独立票据支付工具。

至于为什么支付委托的书面票据需要与支付方的银行账户进行关联，我们只能猜测其中的原委。其中一个显而易见的原因应该是满足没有账户持有人在场的情况下进行远距离付款的便利性。另一个原因可能是书面付款委托书所暗含的控制程度要求，这一因素在付款人实际上是为拥有土地的地主一方工作的情况下尤其重要。位于费拉德尔菲亚的澡堂承租人通过书面付款委托书进行支付就是一个例子。因为阿波罗尼斯住在亚历山大，这一特殊的租金收取是泽农无法负责的。与公共税收的情况一样，可能必须有一个区分不同背景程度付款的机制，用来保证税收中的一部分收入用于当地事务，另一部分移交给皇室税务官。这一收入分配机制背后可能有仔细的规划，尤其是为了减少欺诈和应对管理不善所产生的财务风险。

阿波罗尼斯向其在叙利亚及巴勒斯坦的管理财产的代理人签发了两张相同的票据，充分说明钱庄在处理大型家族商业方面的作用。

古希腊城邦以外的领土地区也设有当地钱庄，和那些外面属地的钱庄一样从事与物业田产管理、当地商业和长途贸易有关的复杂的金融交易。这一特殊作用的发展与经济模式密切相关，即生产和销售大部分掌握在经理人与代理人手中而不是初级生产者手中。这种机制所支持的是一种缺席者土地持有制度，其中一些收入委托给钱庄主而不是负责持有田产的经理人。人们可以从中看到，钱庄作为皇家国库的特殊作用是如何发展起来的，因为实际上，钱庄为个人客户提供了与为国王所做的一样的金融服务，即储存和分配由不同的人收集和使用的收入。然而，应当指出，钱庄向个人客户提供的服务，无论是书面付款还是提供贷款，都不是钱庄独有的业务。因此，钱庄的重要性在于其设立分支机构的密度和地理分布，也在于其允许账户持有者在同一时间、不同地点进行交易，而不是在于他们所执行的交易性质。

结　论

在这一章中，我对钱庄业在商业中的地位提出了一种非现代主义的看法，强调钱庄在稳定货币交易而不是改变货币交易中的作用。其主要功能是增加对货币的信任，保障货币资金的异地安全，增加履行货币义务的便利性。书面付款委托书促进了远距离交易，并在较大规模的交易中提供了法律保障，但这种委托书的个人化程度，即取决于发行人、持票人和钱庄主的个人熟识程度，表明其与中世纪后期欧洲发展起来的汇票相去甚远。

事实上，据目前我们所知，公元前 3 世纪只有希腊人是个人账户持有者。这可能与驻屯军和皇室工作人员在埃及托勒密占有优越的经济地位相关。钱庄在彼时希腊文化和行政氛围中地位稳固并深受环境影响，希腊语仍然是其官方语言，但向埃及纳税人开具的收据上的文字除外。然而，尤尔盖特斯时代至少有一名埃及人担任皇家钱庄主，这一事实表明，钱庄业在种族上并不比一般地方政府更具排他性。更严重的可能性是，钱庄对在皇家经济中工作的账户持有人采取差别待遇。我曾提出过一个观点，钱庄主在当时是可以用存款进行放贷业务的，但交易取决于客户和贷款的目的。最重要的是，这取决于钱庄主和客户之间的个人关系，以及钱庄主是否愿意从他个人负责的存款中获取资金。

钱庄在商业业务中发挥的作用与其作为皇家机构的权威有关。皇家钱庄主可以在没有担保物保障的情况下提供信贷，而持照钱庄主则必须要求提供抵押品才能发放现金贷款。在皇家钱庄设置的钱币检验员很有

可能是出于收税目的，也为私人货币交易提供了重要的服务。在公元前
3 世纪末，皇家钱庄的权威是货币经济生存的一个重要条件。当银和铜
之间的关系波动时，贷款的偿还必须使用经核证的钱币，斯塔特银币的
价值必须由地方当局反复确认，而钱币作为交易媒介的信任程度与钱庄
的作用息息相关。在托勒密统治埃及的货币经济中，钱庄在其管理职能
方面发挥了关键作用，而作为信贷机构所发挥的作用并没有那么明显。

本书结论

　　埃及发行的硬币是托勒密王朝政治、经济和财政制度的支撑力量。在政治层面上，货币带来了对亚历山大君主制的关注，并给一个区域多样化的国家带来了更大的凝聚力。国王在胜利和庆典上炫耀金钱与慷慨开支，使金钱与权力及经济繁荣联系在一起，而金钱捐赠和公共奖励则使金钱成为托勒密政权的激励措施的一部分。尽管埃及缺乏天然银金属资源，但埃及钱币的产量似乎是巨大的，更加能够证明即使在相当不利的条件下国家还是能够投入大量的精力在钱币化的伟业上。一般性的铸币，而不是有代表性的铸币，是王朝自我表现的一部分，反映了铸币与权力之间密切的意识形态联系。

　　在功能层面上，钱币是国王用来展示他们的财富的途径，也是他们用来支付帝国开支的方式。货币税和皇家租金能够持续提供财政收入的一部分，只要行省存在货币收入，就取代了过去的以实物作为当地支付手段的收入。由于硬币的收集和运输更加方便，加上其他费用的减少，铸币提高了行政效率，增加了皇家账户盈余。但是，货币税对皇家经济的影响是与按比例增加的谷物收入结合在一起实现的，谷物作为一种主要出口商品，为从希腊世界其他地区大量涌入贵金属钱币奠定了基础。国王对谷物收入精心呵护，轻易不肯放手，这可以从民事和军事官员在当地市场购买粮食而不是由皇家商店供应的事实中推断出来。

　　对经济而言，钱币带来了与货币相关的一系列好处：可交换性、可运输性、耐用性、价格可比性，从而大大降低了交易成本。在一个商业结构中，市场通常掌握在企业负责人雇用的几个代理人手中，这就增加了当地市场之间的信息流通，从而使市场更加有效运作。从现有贷款契约中我们可以推断，货币交易可以有效降低与生产和交换有关的交易成本。与实物贷款不同的是，货币贷款契约具体说明偿还地点和还款方式；货币贷款契约中的利率是按时间计算的，而不是一次总付的，因此增加了信贷关系的可计算性。然而，为了了解货币化对整个埃及经济的影响，我们必须考虑到与货币化进程有关的体制变化。其中，最重要的是将庙宇垄断转变为国家垄断，实行税款包征制度，将中间人引入公共和私人劳动契约的组织领域，以及改革债务法。

国家垄断、税款包征和与国家签订的劳动契约，以及托勒密将其转变为有偿劳动计划的劳役制度，都是钱币流通的关键所在。所有付款，包括行政当局要求与国家签订契约的保证金，都应以现金支付，以鼓励承包商以货币流通的形式经营业务。行政当局付给当地承包商和劳工的薪金、工资和其他形式的付款也是以现金支付的，但不包括以直接消费为目的的食品津贴。希腊雇主和驻屯军土地拥有者通过适应官方的就业和支付做法来共同维持这一制度。从这个角度看，与其说国家垄断和劳力租赁契约是中央集权经济的标志，倒不如说是促进埃及主要工业货币化的劳工组织形式，特别是油料、啤酒、盐、莎草纸和纺织品生产的各种行业。

虽然铸币是希腊统治的象征，也是希腊人采用的新做法，但那些愿意参加新制度的埃及人并没有抵制硬币的发行，当然其他人也无法抵制。通过让几乎所有人都缴纳货币盐税和欧宝税，托勒密迫使所有居民至少使用部分钱币来付款。此外，由于埃及的传统税捐，如面纱税、丧葬税和看守税被改为货币税，埃及各地的这些活动和其他活动被纳入货币制度。托勒密王朝通过向当地庙宇慷慨提供和捐助货币，向埃及精英阶层提供了资金，这些资金通过建造庙宇、支付工资和举行仪式的支出，惠及更多的当地居民。在希腊占领前的几代埃及当地人中，我们也看到钱币逐渐开始作为部分用途出现，尽管是在比较有限的领域中使用。从这一点可以看出，精英阶层没有抵制过使用希腊货币。通俗的土地转让文件以及公元前 3 世纪的贷款契约表明，这些文件所代表的一部分本土居民完全习惯于使用钱币。然而，在更抽象的层面上，移民比当地人更充分地利用了货币交易的优势。吉恩·宾根曾强调希腊人对财富创造、劳动和租赁契约的不同态度，希腊人对皇室政府提供的以金钱为导向的商业运作本身也并不陌生。此外，由于希腊和埃及的法律仍然是分开的，所以首先是希腊人从托勒密王朝统治下的法律发展中获益；埃及的法律只是逐渐受到货币的影响。虽然埃及人没有被排除在外，也没有在形式上处于不利地位，但货币化为这片古老土地的占领者们创造了更多有利的机会。

在本书中，我强调了流通问题和推动埃及本地货币化所需要投入的巨大精力的问题，至少是在部分地区实行经济货币化的努力。由于农村地区的钱币供应不稳定且不均衡，以及谷物农业占主导地位，流通速度放缓，谷物农业在很大程度上仍以实物支付为基础。因此，人们将许多货币付款兑换成实物，债务经济蓬勃发展。可以假定，由于发行了钱币，债务大幅度增加。这只能通过诸如在一定范围的劳动契约中约定预付工资或在社会各阶层以不同形式提供现金贷款等措施加以补偿。各省的皇家钱庄和税款包征制度确保地方行政当局本身不会将资金用尽，从而将现金收入不足的风险转嫁给私营承包商及其担保人。

为了评估钱币对整个埃及的影响，必须采用二元经济模式。一方面，谷物农业部门由其他货币媒介而不是钱币主导；另一方面，以铸币为基础的经济活动部门非常多样化，但规模要小得多。这两个部门只有在农产品运输和销售，与农业财产相关的工业、油料和啤酒等原料通过当地交易所供应的领域才相互重叠并相互作用。埃及大部分地区，特别是底比斯和埃及中部、南部地区，都具有相似的特点，即庙宇庄园内以谷物生产为主的小块土地和具有连续性的再分配机制。在这里，流通的钱币数量可能很少，仅够支付货币税和满足盐税与啤酒税付款等基本需求。货币活动的这种极不均衡的分布，再加上田产相关行业缺乏货币化市场，可视为对托勒密货币经济的主要限制。

国家和市场对钱币供应与流通的相对重要性是一个经常讨论的问题，但是不宜采用其他方式进行讨论。在这本书中，我始终认为国家需要刺激钱币的使用并保持货币流通，但同时，这个目标不太可能通过推算钱币产量和控制钱币数量来实现。相反，我们必须考虑影响钱币流通的体制条件。军事开支、税收和中央集权经济通常为国家干预的具体表现，而市场的增加和埃及以利润为导向的税款包征制度则代表了个人主动性的影响。这里可以加上一些具体的机构，以表明国家首先为个人层面的钱币流通提供奖励：在国家契约中推行钱币支付的条款和方式；鼓励货币利润的契约；便利货币信贷的法律规定；容许私营商业经营者担任与公务有关的特权职务的代理制度；以及最普遍的经济组织形式，在这种组织中，诸如物业田产管理、钱庄和行政职位等关键职位作为个人对其财务管理负责的特权。

此外，亚历山大的铸币不仅为战争制造钱币，而且经常与皇家仪式和与庆典有关的盛大节日和胜利有关。几乎可以肯定的是，新发行的钱币是通过大笔开支、赏金仪式和临时市场进入流通的。新钱币由接受者带入农村地区，在当地用于交易，然后以税收和租金的形式重新回到国王与庙宇手中。外国商业活动也发挥了作用。正如著名的关于重新铸造钱币的莎草纸所示，外国商人急切地等待本国钱币重新铸造成托勒密钱币，以免在派遣代理人到农村购买商品时耽搁工夫。农村地区生产产品的盈余不仅运往亚历山大出口，而且在当地出售给中间商，向当地经济注入大量资金。相反，希腊和埃及的不动产持有者为出售商品而进行生产，其生产在有些情况下是相当大的规模，并将其资金返给当地市场和维持富人显赫生活方式的劳动力。王室立法和法律基础规定支持了商业活动，尽管制定个别法律和程序的初衷只是为了国家的利益，而不是为了加强人与人之间交易的安全。同样，皇家钱庄和附属于钱庄的货币检验员也是为征税目的而设立的，但正因为有了个人账户的持有者和货币检验员，他们提高了货币交易的便利性和对私人与市场交易中的钱币的信任度。

托勒密在埃及推行的许多制度性创新在希腊世界的其他地方是众所周知的：钱币的使用大量增加，贱金属钱币的使用增加，为税收和行政目的建立公共钱庄，货币税收相对于谷地和粮食收获的实物税收普遍增加。此外，税款包征和垄断契约在古典时期的希腊城市发展起来，而且这也并不是托勒密时期的发明。因此，托勒密的政策也不是鲜有人知。但这些政策的某些方面是对埃及当地情况的特别反映。第一，由于尼罗河的特殊便利条件，埃及的非同寻常的农业财富得到了比其他地方或之前政权更有效的开发。第二，尽管埃及具有区域多样性和地方自治的情况，但埃及及其邻近的领地在政治上比任何其他希腊王国或联盟都更加统一。埃及采用托勒密钱币，并将外国钱币排除在外，加强了货币统一，并便利了现金的管理和有效征税。第三，虽然希腊在向外扩张以前就实行了税款包征制度和商业行业垄断，但其性质和程度是之前发展阶段所不能及的。托勒密统治前埃及的再分配经济为主要行业转变成长期而不是暂时的国家垄断奠定了基础，而税款包征制度与埃及传统的人口普查和土地调查相结合，对国家来说更加有益。第四，托勒密王朝的铸币政策比其他国王和城市采取的铸币政策更为激进。托勒密王朝不仅创造了自己独特的贵金属铸币供内部和外部使用，而且铜币的使用规模和重要性是之前无法比拟的。虽然这可以解释为埃及国内贵金属资源稀缺而对钱币的需求却很高，但其后果是货币化进一步得到加强而且比东部任何其他王国都更加关注资本。

托勒密四世统治时期，托勒密前三代统治者发展起来的货币制度陷入严重危机。到尤尔盖特斯统治时期结束时，贵金属钱币和贱金属钱币之间已经变得非常不平衡，这或者是因为有人故意从农村撤出银币和金币，或者是因为没有贵金属钱币通过支付、交换和贸易流入农村。我们远未完全理解在公元前 3 世纪最后 20 年中影响埃及货币变化的因素，但毫无疑问的是，钱币体系解体了，铜币成为国家的主要货币。但铜币与银币的关系起伏不定，受到当地皇家钱庄的监管。到目前为止，与特定钱币有关的货币单位发生了变化，迫使价格水平高得多。但我认为，莎草纸上的数字代表了价格的名义上的增长，这主要是由于钱币体系的变化导致的，而不是实际价格通货膨胀的结果。

货币税收的程度和组织机制，以及货币经济的范围，似乎一直延续到公元前 2 世纪。但在人与人之间，对钱币价值的混淆和信任度的下降，使得实物交易增加。托勒密王朝后期的货币问题与在亚历山大的历代国王对埃及农村地区管理的权威下降和地方权力中心力量的重新出现同时发生。这种情况也验证了托勒密王朝统治的第一个世纪之所以能成功在埃及推行货币化，正是因为有当时强有力的政治权威和对货币的有效管制作为基础条件的。